Roman Simschek
Annalena Oppel

Six Sigma

Roman Simschek

Annalena Oppel

Six Sigma

UVK Verlagsgesellschaft mbH · Konstanz
mit UVK/Lucius · München

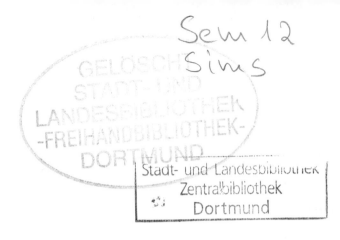
Bibliografische Information der Deutschen Bibliothek
Die Deutsche Bibliothek verzeichnet diese Publikation in der
Deutschen Nationalbibliografie; detaillierte bibliografische
Daten sind im Internet über <http://dnb.ddb.de> abrufbar.

ISBN 978-3-86764-837-0 (Print)
ISBN 978-3-7398-0429-3 (EPDF)
ISBN 978-3-7398-0428-6 (EPUB)

© UVK Verlagsgesellschaft mbH, Konstanz und München 2018

Einbandgestaltung: Atelier Reichert, Stuttgart
Einbandmotiv: Petr Vaclavek / fotolia.com
Printed in Germany

UVK Verlagsgesellschaft mbH
Schützenstr. 24 • 78462 Konstanz
Tel. 07531-9053-0 • Fax 07531-9053-98
www.uvk.de

Vorwort: Warum Six Sigma?

Viele von Ihnen werden ihn noch kennen: 8 Millionen Auflage, circa 1000 Seiten dick und mehr als 2 Kilo schwer – der Quelle Katalog, die Bibel des deutschen Konsums. Noch vor nicht allzu vielen Jahren bestellten Millionen von Deutschen per Bestellkarte oder Telefon ihre Wunschprodukte, die sie aus einer Vielzahl von bunten Bildern und Produktbeschreibungen ausgewählt hatten. Wie hat sich die Welt doch geändert im letzten Jahrzehnt. Heute ist nicht mal mehr ein Anruf nötig, um ein Produkt zu bestellen. Es genügen im Prinzip zwei Klicks: „in den Warenkorb" und „Bestellung abschicken". Alles virtuell, zu jeder Tageszeit und dank dem Internet von nahezu jedem Ort aus; egal ob per I-Phone während eines Businessmeetings in Frankfurt oder per Desktop-PC aus einem Kloster in Niederbayern. Ähnlich wie das Tempo des Bestellvorgangs haben sich ebenso die Erwartungen der Kunden bezüglich der Lieferzeit entwickelt: am besten schon vorgestern. Die pragmatische Antwort darauf: Lieferung am Folgetag und außerdem stets einwandfreie Produktqualität. Wenn die Ware nicht spätestens nach zwei Werktagen geliefert wurde, steigt schon das Misstrauen des Konsumenten: bin ich einem EBay-Betrüger auf den Leim gegangen oder streikt die Deutsche Post? Schlechte oder beschädigte Ware bestraft der mündige Kunde sofort per negativer Bewertung mit einem Stern oder in sehr emotionalen Fällen auch per Schmähvideo auf YouTube. Ja wie schön waren die guten alten Zeiten, als das kumulierte Gewicht aller in Deutschland verschickten Versandhauskataloge der verlässlichste Frühindikator für die Entwicklung des Bruttoinlandsprodukts war! Diese Zeiten sind vorbei ...

Nicht nur, **wie** eingekauft wird, hat sich verändert, auch das, **was** gekauft wird, hat einen rasanten Wandel durchlaufen. Heute kommt es nicht darauf an, ob ein Produkt in Deutschland, den USA oder Indien produziert wird. Und natürlich produziert ein Unternehmen nicht mehr jede Komponente seines Produkts selbst oder in seinem Heimatmarkt. Smart Sourcing, Outsourcing, Value Chain Optimierung … Alles Modebegriffe der letzten Jahre: Infrastruktur, Fertigungskostenvorteile, unterschiedliches Lohnniveau und vielerlei andere Faktoren haben dazu geführt, dass Unternehmen weltweit agieren und ein globales Netz konstruiert haben. Unternehmen, die dies perfektioniert haben, können sich auf überdurchschnittliches Wachstum freuen. Globaler Einkauf, globale Produktion und globale Vertriebspräsenz sichern Wachstum. Unternehmen wie Ikea und Apple haben dieses Prinzip optimiert und sind mit Abstand erfolgreicher als ihre Mitbewerber. Globale Aktivität bedeutet jedoch auch global komplexe Prozesse und Strukturen. Je komplexer diese werden, desto größer das Risiko, dass sich Fehlerquellen einschleichen. Im Ergebnis sehen sich Unternehmen somit zwei Herausforderungen gegenüber, welche es aufeinander abzustimmen gilt: Immer komplexere Strukturen und Prozesse einerseits bei stetig wachsenden Anforderungen der Kunden andererseits. Nur wer diese beiden Herausforderungen meistert, wird auch in Zukunft erfolgreich sein.

Es ist bekannt, dass die Kundenzufriedenheit einen wesentlichen Beitrag zum Erfolg eines Unternehmens beiträgt. Daher wird bei Six Sigma der Kunde in den Mittelpunkt gestellt. Kein schlechter Ansatz; so ist es doch gerade der Kunde, der die Produkte eines Unternehmens kauft und damit Umsatz generiert. Die Kausalität bei diesem Ansatz ist klar: Ist der Kunde mit einem Produkt zufrieden, kauft er das Produkt erneut. Dies trägt wesentlich zum nachhaltigen Unternehmenserfolg bei und sichert den Fortbestand. Zudem gilt, dass zufriedene Kunden ihre Zufriedenheit mit anderen Kunden teilen, in dem sie Produkte weiterempfehlen. Mündlich oder auch heutzutage per Twitter, Facebook und Co.: So einfach können Neukunden gewonnen werden. Um also langfristig wettbewerbsfähig zu sein und zu bleiben, gilt es den Kunden zufrieden zu stellen oder gar seine Erwartungen zu übertreffen. Eine wichtige Voraussetzung hierfür sind effiziente und fehlerfreie Prozesse. So werden Kosten niedrig gehalten und das Unternehmen kann einen wettbewerbsfähigen Preis anbieten. Zusätzlich bedeuten eine gesteigerte Produktivität und Effizienz meist auch, dass ein Unternehmen dem Kunden das Produkt schneller zur Verfügung stellen kann. Steigert man zudem noch die Qualität eines Produkts, wird der Verschwendung von Ressourcen und Unzufriedenheit seitens des Kunden vorgebeugt. Erfolgsfaktoren, welche leicht nachvollziehbar, in der Umsetzung aber oft schwer zu erreichen sind.

Aus der Praxiserfahrung hat sich ergeben, dass ehrgeizige Ziele zu den besten Ergebnissen führen. So setzt Six Sigma bei einer Null-Fehler-Qualität an und hat genau das in der Praxis bewiesen: Eine Vielzahl von Unternehmen erzielte eine nachhaltige Verbesserung, Kostensenkung und Umsatzsteigerung, aber vor allem eines: eine im Ergebnis gestiegene Kundenzufriedenheit.

Dabei gilt für jede Branche, jedes Unternehmen und jeden Mitarbeiter: Es gibt immer Luft nach oben und die Chance sich zu verbessern. Je früher, umso besser. Der Zeitpunkt zur Eigenoptimierung liegt bestenfalls bevor Probleme eingetreten sind und diese wiederum Auswirkungen auf die Beziehung zum Kunden haben. Des Weiteren sollte die Verbesserung alle Hierarchieebenen eines Unternehmens mit einbeziehen: vom Produktionsmitarbeiter bis zum Top-Manager. Six Sigma involviert alle am Prozess Beteiligten und hat ein firmenkulturelles Umdenken zum Ziel: es deckt alle Missstände auf, die ansonsten unter den Teppich gekehrt worden wären, und richtet den Fokus auf Wertschöpfung und Kostensenkung. Durch das Einsetzen wissenschaftlicher Methoden in der Praxis werden Prozesse und betriebliche Leistungen vorhersehbar und damit leichter steuerbar gemacht. Während Six Sigma in seinen Anfängen vor allem in der Fertigungsindustrie eingesetzt wurde, findet es heute in nahezu allen Branchen Anwendung. So wie es aussieht, hat sich Six Sigma zur Allzweckwaffe entwickelt: Was Aspirin bei Kopfschmerzen ist, scheint Six Sigma bei betrieblichen Beschwerden aller Art geworden zu sein. Kein Wunder also, dass die Generika nicht auf sich warten lassen: Lean Sigma, Seven Sigma, Better Sigma, Advanced Six Sigma, Sigma Gabriel … Zu Risiken und

Nebenwirkungen fragen Sie Ihren Unternehmensberater oder Ihren Six Sigma Black Belt ... Unterschiedliche Verpackung und dennoch ein und derselbe Wirkstoff: Die Geheimformel dieses Wirkstoffes erfahren Sie in diesem Buch.

Inhaltsübersicht

Inhalt

Abbildungsverzeichnis

1 Was ist Six Sigma?

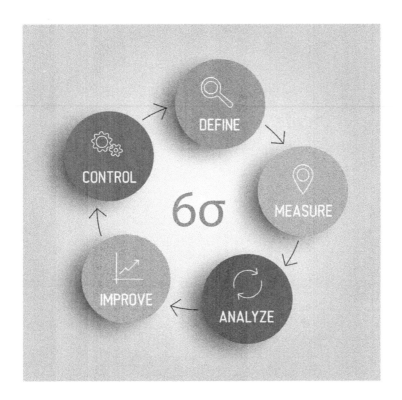

1.1 Entwicklung der Six Sigma Methode

Die Qualität von Produkten und Dienstleistungen scheint schon immer eine große Bedeutung gehabt zu haben. Dies vor allem im Hinblick darauf, Qualität messbar und transparent zu machen. So galt es schon immer, dass ein auf Zahlen basiertes Wissen mehr galt als bloße Mutmaßungen und Annahmen. Dieses Bedürfnis, Qualität zu quantifizieren scheint also immanent schon lange vorhanden gewesen zu sein.

Dies hat dazu geführt, dass bereits in den 1970er Jahren im japanischen Schiffsbau und später auch in der japanischen Elektronik- und Konsumgüterindustrie Qualität ermittelt und gemessen wurde. Diese Bemühungen sind die ersten Vorläufer von Six Sigma. Das letztendlich als „Six Sigma" bekannt gewordene Konzept zur Qualitätsmessung wurde in den USA im Jahre 1986 von Statistikern des japanischen Telekommunikationsanbieters Motorola entwickelt[1]. Die Methode stammt somit hauptsächlich aus dem produzierenden Gewerbe. Sie wurde in der Praxis für die Praxis entwickelt. Das Konzept verfolgt letztendlich ein Ziel: die Qualität von Produkten und Prozessen messbar zu machen. Diese gewählte Messgröße im Rahmen dieser Methode ist das Sigma Niveau. Das Sigma Niveau beschreibt die verschiedenen Stufen an Prozessoptimierung, Fehlerbeseitigung und somit Qualitätssteigerung, welche Unternehmen mit dieser Messmethode erreichen können. Um diese letztendlich relativ einfach zu ermittelnde Messgröße hat sich ein gesamtes Managementkonzept entwickelt. Diese hat es zum Ziel, eine höchstmögliche Prozessqualität zu realisieren.

Die Six Sigma Methode wird demnach bei der Bewertung der Qualität von Prozessen und Produkten eingesetzt. Um Qualität zu

---

[1] „Motoral's Second Generation" URL:
http://web.tecnico.ulisboa.pt/mcasquilho/acad/gesQ/text/MotorolaSix Sigma.pdf

messen, wird hier die Größe betrachtet, welche Qualität beeinträchtigt: Abweichungen von dieser. Die Realität hat gezeigt, dass kein Unternehmen stets ein exakt gleiches Produkt oder einen exakt gleichen Service bieten kann. Mit der Zeit und durch verschiedene Einflüsse entwickeln sich Variationen. Demgegenüber steht das Qualitätsversprechen gegenüber dem Kunden und damit dessen Erwartung: konstante Qualität, welche für Verlässlichkeit und Integrität steht und somit Vertrauen schafft. Der Anspruch des Kunden auf konstante, hochwertige Qualität stellt bei dieser Methode die Ausrichtung des Unternehmens dar: dieses Kundenbedürfnis maximal erfüllen. Da ein gewisser Grad an Abweichungen nicht vermieden werden kann, gibt es einen vom Kunden akzeptierten Toleranzbereich. Das Unternehmen hat folglich einen gewissen Spielraum, in welchen es stets noch den Kunden zufriedenstellen kann. Six Sigma gibt an, wie hoch der Anteil der Service- oder Produktvariationen ist, welche außerhalb des Toleranzbereichs des Kunden liegen. Oder anders herum betrachtet: wie häufig die Leistung eines Prozesses oder eines Produktes das Kundenbedürfnis erfüllt. Betrachtet wird hier eine Million Ausführungen des Produktes oder Services. Man kann sich das vorstellen wie beim Dartspielen. Jedes Produkt oder Service des Unternehmens repräsentiert den Wurf eines Dartpfeils. Davon werden nun eine Million Würfe betrachtet. Hat der Spieler, in diesem Falle das Unternehmen, besonders effektiv gezielt und mit dem Dartpfeil genau in die Mitte getroffen, stände dies für ausgezeichnete Produktqualität und Kundenzufriedenheit. Je weiter die Dartpfeile von der Mitte abweichen, desto schlechter der Wurf oder im Falle unseres Unternehmens, desto schlechter die Service- oder Produktqualität und somit desto niedriger die Kundenzufriedenheit.

Denn ähnlich dem Dartspieler ist der Kunde nur zufrieden, wenn möglichst viele Dartpfeile die Mitte oder mindestens die Bereiche innerhalb des ersten Ringes getroffen haben. Und da bei Six Sigma die Kundenzufriedenheit der Standard des Unternehmens ist, möchte somit auch das Unternehmen möglichst viele Dartpfeile in die Mitte oder zumindest innerhalb des ersten Ringes werfen.

Wenn wir nun dieses Beispiel in die Statistik übersetzen, stelle man sich anstelle der Dartpfeile Datenpunkte vor und anstelle der Ringe statistische Toleranzbereiche der Kundenzufriedenheit. Das Prinzip jedoch bleibt das gleiche: je mehr Datenpunkte im Toleranzbereich liegen, desto besser. Anstelle der Ringe auf der Dartscheibe sprechen wir nun von dem sogenannten Sigma Niveau, welches nun den Toleranzbereich des Kunden beschreibt. Sigma ist hierbei ein anderes Wort für Standardabweichung und letztere wiederum ein Maß, welches die Streuung der Datenpunkte misst. Oder in anderen Worten: wie weit alle Dartpfeile von der Mitte der Dartscheibe entfernt sind. Spricht man von einem Niveau eines Sigma, liegen circa 69 Prozent der Datenpunkte (oder Dartpfeile) im Toleranzbereich des Kunden (oder im inneren Ring der Dartscheibe) und 31 Prozent der Datenpunkte (oder Dartpfeile) außerhalb des Toleranzbereichs des Kunden (oder im äußeren Ring der Dartscheibe – oder gingen sogar ganz daneben). Je höher das Six Sigma Niveau, desto mehr Datenpunkte im Toleranzbereich (oder desto mehr Dartpfeile im inneren Ring der Dartscheibe).

In der Praxis bedeutet dies dann, dass das Unternehmen mehr und mehr Produkte oder Services generiert, die in den Toleranzbereich der Qualitätsvorstellungen des Kunden fallen. Hat das Unternehmen das Six Sigma Niveau erreicht, kann man sozusagen von einem Dart-Profi sprechen, der mit so gut wie allen Pfeilen die Mitte trifft: nur 0,00034 Prozent der Dartpfeile oder Datenpunkte (oder im praktischen Sinne der Produkte oder Services) liegen außerhalb des Toleranzbereichs und somit 99,99966% innerhalb. Der Kunde ist somit so gut wie immer mit dem Produkt zufrieden.

Theoretisch kann man somit Six Sigma einer **Null-Fehler-Qualität** gleichsetzen. Solch einem Standard (kann man wirklich ein so guter Dartspieler werden?) stand man zu Beginn skeptisch gegenüber. Man war der Meinung, der Trainingsaufwand, um dieses Qualitätsniveau zu erreichen oder in der Praxis die Prozessoptimierung und -abstimmung, stände nicht in akzeptabler Relation mit der zu erzielbaren Verbesserung.

Allerdings zeigten Ergebnisse in der Praxis erstaunliche Erfolge: 1995 führte Jack Welch Six Sigma als globale Kerninitiative bei General Electric (GE) ein. Die Methode wurde dabei als ganzheitliche Unternehmensinitiative eingeführt: eine vollständige Ausrichtung auf die Ansprüche des Kunden, die Bewertung aller Abläufe hinsichtlich ihrer Qualität mit dem ambitionierten Ziel der Null-Fehler-Qualität und eine strukturierte Vorgehensweise zur Erreichung dieser.

So blieb Six Sigma nicht allein eine statistische Messgröße, sondern entwickelte sich zu einem Managementtool zur Qualitätssteigerung. Jack Welch konnte damit während seiner Amtszeit den Umsatz von 27 auf 130 Mrd. Dollar steigern. Die signifikanten Erfolge bei GE steigerten somit auch die Popularität des Six Sigma Konzepts, welches daraufhin in vielen Unternehmen zur Anwendung kam (Abb. 1).

1985	1990				2000		2006	2013
Motorola	DEC	Kodak	Compaq	Sony	JP Morgan	ING-DiBa	Dräger Safety	Van Hees
IBM	Allied Signal	TI	Dow Chemical	Toshiba	American Expr.	Deutsche Bank	ALCAN	DyStar
	ABB	General Electric	DuPont	Whirlpool	Ford Motor	Bank of America	HDW	Dresdner Bank
		Aeroquip Vickers	John Deere	PACCAR	Honeywell	Amazon	Mitsubishi Polyester	Arvato
		Citibank	Volvo	Seagate Techn.	Johnson & Johnson	Deutsche Bahn	XEROX	Huber Suhner
			NEC	Norgren-Herion	Air Products	Caterpillar	Orange	Deutsche Post
			Siemens	Viterra Energy	Ericsson	ITT Industries	Freudenber Viles	O2
				Bechtel Telc.	Samsung	Telefonica	Infraserv GmbH	Vodafone
				Air France	Nokia	WEEL	Stadtwerke Düsseldorf	Allianz
				Sprint	Philips	PVT	Laica Micro	Commerzbank
					Solctron	IT Plan	Jacobs Engineering	etb (fin. Services)
					United Tech.	3M	Lilly	Unisys
					US Postal	Telstra	Volkswagen	Deutsche Telekom
					Xchanging	Celanese Ticona	British Telecom	Mann + Hummel
					Praxair	Aventis	NY Hospital	Händler & Natermann
					LG Group	Bosch	Cardinal Health	MLP
						Siemens	T-Systems	Generali
						Contitrade	Techniker KK	Colt Telecom Deutschalnd
						Air Canada	Sauer Danfos	Credit Suisse
						Burlington	Möller Group	Oetker

Abbildung 1: Einsatzbereiche von Six Sigma

Es handelt sich also bei Six Sigma letztendlich um eine statistische Messzahl, die dabei unterstützt, Verbesserungspotentiale aufzuzeigen, Probleme zu identifizieren und diese wirksam anzugehen: Qualitätsmanagement auf Basis der Statistik.

Worin zeichnet sich diese Methode außer ihrem quantifizierenden Charakter außerdem aus? Wie bereits erwähnt, stehen die Ansprüche des Kunden im Mittelpunkt. Sie geben dem Unternehmen die Zielwerte vor. Des Weiteren misst Six Sigma nicht nur die aktuelle Leistung der Prozesse oder Produkte: Es folgt ebenso eine genaue Ursachenanalyse der auftretenden Abweichungen von Services und Produkten. Damit setzt Six Sigma nicht an den Symptomen, sondern am Kern fehlerhafter Prozesse und Produkte an. Das Six Sigma Konzept hat des Weiteren einen klaren, strukturierten Aufbau für Verbesserungsprojekte entwickelt, welcher von der Einbindung des Kunden, der Ursachenanalyse, der Entwicklungen von Lösungsansätzen des Problems bis zur Nachhaltung der Verbesserung reicht: Ein wirkungsvolles Erfolgsrezept für Unternehmen der unterschiedlichsten Branchen.

1.2   Welche Ziele verfolgt Six Sigma?

Das Hauptziel von Six Sigma ist wie folgt formuliert: die Anforderungen des Kunden vollständig und profitabel zu erfüllen. Es ist somit ein Weg zur konsequenten Ausrichtung eines Unternehmens auf die Anforderung seiner Kunden. Die Prozesse und/oder Produkte sollen dementsprechend aus der Sicht der Kunden des Unternehmens optimiert werden.

Betrachtet werden hier somit Merkmale des Produkts oder des Services, welche unmittelbar vom Kunden wahrgenommen werden. Dabei kann Qualität für den Kunden je nach Produkt oder Service Unterschiedliches bedeuten: zum Beispiel technische Qualität im Sinne einer langen Lebensdauer des Produkts als auch Servicequalität, beispielsweise durch einen verlässlichen Lieferservice ohne Verzögerungen. Um also eine positive Wahrnehmung zu erzielen und den Kunden bestmöglich zufrieden zu stellen, beabsichtigt Six Sigma, dessen Erwartungen entweder exakt zu erfüllen oder das Produkt bzw. den Service innerhalb des Toleranzbereichs des Kunden auszuführen. Ein zufriedener Kunde ist meist auch ein treuer Kunde. So können durch die positive Wahrnehmung und damit möglichen Weiterempfehlungen Neukunden gewonnen werden. Six Sigma dient also der Sicherung und ebenfalls der Erweiterung des Kundenstamms.

Was jedoch bedeutet das Ziel der maximalen Kundenzufriedenheit und damit der höchstmöglichen Qualität des Produkts oder Services für das Unternehmen? Um diese zu erreichen, lassen sich unterschiedliche Stellhebel identifizieren, welche in einem engen Abhängigkeitsverhältnis zueinander stehen und sich gegenseitig beeinflussen (Abb. 2).

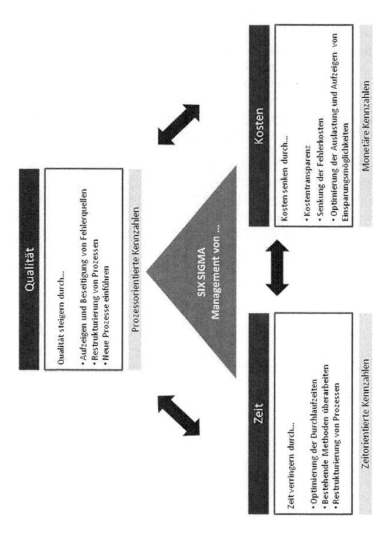

Abbildung 2: Ziele von Six Sigma

Weniger Abweichungen im Prozess oder Produkt bedeuten auch weniger Mehraufwand. So fallen zum Beispiel bei einer häufigeren Erreichung des Zielwerts und damit des Kundenbedürfnisses weniger Reparaturkosten, Rücknahmen, Nacharbeiten oder ähnliches an. All diese zusätzlichen Aufwände stellen auch zusätzliche **Kosten** für das Unternehmen dar. In dem Mehraufwände vermieden werden, reduzieren sich folglich die Kosten sowie die investierte Zeit in die Zufriedenstellung des Kunden.

Six Sigma bedeutet damit auch ein Ersparnis an **Zeit**. Effizientere Prozesse bedeuten weniger Verlust von Ressourcen. Liegezeiten, Laufwege, Überbesetzung an Personal und sonstige Verzögerungen und Verschwendungen können erkannt und beseitigt werden. Dies steigert die Produktivität des Unternehmens: in einer geringeren Zeitspanne können mehr Produkte produziert oder Services angeboten werden. Das kann wiederum zur Steigerung des Umsatzes und damit der Wertschöpfung des Unternehmens führen. Außerdem vermeidet das Unternehmen wiederum zusätzliche **Kosten**, indem es beispielsweise durch Einhalten von Terminen Vertragsstrafen vermeidet.

Kosten und Zeit beeinflussen folglich die Produktivität des Unternehmens. Je produktiver das Unternehmen, desto wettbewerbsfähiger ist es. Kommt nun als dritte Komplemente eine vom Kunden positiv bewertete Qualität hinzu, ist das Triple komplett: Gute Wirtschaftlichkeit durch optimierte Kosten und ein effizienter Einsatz von Zeit bei Erfüllung der Kundenansprüche.

Six Sigma bietet damit die Möglichkeit ...
- für eine **Verbesserungsstrategie**, die Leistungen eines Unternehmens zu steigern,
- für ein **detailliertes Verständnis** von Fehlerquellen in deren Ursprüngen,
- für eine langfristige, nachhaltige Initiative zur Qualitätssicherung.[2]

---

[2] „Die Welt von Six Sigma – Qualitätsmanagement und Qualitätssicherung" <URL: http://www.qz-online.de/qualitaets-management/qm-basics /artikel/die-welt-von-six-sigma-166409.html

1.3   Anwendungsgebiete von Six Sigma

Six Sigma stammt aus dem produzierenden Gewerbe und wurde dort auch zu Beginn ausschließlich angewandt. Durch wachsende Popularität fand es jedoch ebenfalls in der Dienstleistungsbranche Anwendung. Nicht nur die Qualität von Produkten kann gemessen werden, auch die wahrgenommene Qualität von Services kann durch Six Sigma bewertet werden. Besonders in der Dienstleistungsbranche, in der der Kunde direkt in die Wertschöpfung eingebunden ist und der Service sehr stark von seinem Anbieter abhängt, ist Qualität ein wichtiger Faktor.

Auch hat sich Six Sigma besonders bei ergebnissensiblen Produkten als erfolgswirksame Methode erwiesen. Hat beispielsweise ein Hersteller von Flugzeugkomponenten starke Abweichungen in der Ausführung seiner einzelnen Produkte und damit eine schlechtere Qualität, könnte dies weitreichende Folgen haben. Wird solch eine mangelhafte Komponente in ein Flugzeug verbaut, kann dessen Funktionalität beeinträchtig werden und damit zur Gefährdung von Menschenleben führen. Je schwerwiegender also die Folgen von abweichender Qualität des Services oder Produkts, desto höher ist das Qualitätsbewusstsein sowohl im Unternehmen als auch beim Kunden. Gerade letzteres hat damit auch hohe Ansprüche seitens des Kunden zur Folge.

Das Managementtool Six Sigma kann dabei in allen Elementen der Wertschöpfungskette eines Unternehmens angewandt werden: im Einkauf, in der Produktion und im Vertrieb als auch in Stabsstellen, wie zum Beispiel im Marketing oder dem Controlling eines Unternehmens. Unterschiedliche Beispiele und Auswirkungen können wie folgt aussehen:

VORHER: zu 99% gut (3,8 Sigma)	NACHER: zu 99,99966 Prozent gut (Six Sigma)
20.000 verlorene Postsendungen je Stunde	7 verlorene Postsendungen je Stunde
15 Minuten unsauberes Trinkwasser täglich	Alle 7 Monate eine Minute lang unsauberes Trinkwasser
5.000 ärztliche Kunstfehler pro Woche	1,7 ärztliche Konstfehler pro Woche
2 gefährliche Landungen auf alles Großflughafen täglich	1 gefährliche Landung auf allen Großflughäfen alle fünf Jahre
200.000 falsche Medikamentenrezepte jährlich	68 falsche Medikamentenrezepte jährlich
Monatlicher Stromausfall von 7 Stunden	Eine Stunde Stromausfall alle 34 Jahre
Täglich 11,8 Mio Fehlbuchungen an der New Yorker Börse	Täglich 4.021 Fehlbuchungen an der New Yorker Börse

Abbildung 3: Anwendungsgebiete von Six Sigma[3]
Quelle: Controllerspielwiese

---

[3] http://www.wiley-vch.de/publish/dt/books/ISBN3-527-70207-5

Die Verbesserung um circa zwei Sigmas von circa vier Sigmas auf sechs, also Six Sigma, wirkt in der Zahl erst mal klein: eine Änderung von 99 Prozent auf 99,99966 Prozent beträgt weniger als ein Prozent. Ihre Auswirkungen, also der Anteil der unzureichenden Qualität und somit der Fläche außerhalb des Toleranzbereichs des Kunden, ist in der Menge jedoch enorm.

So konnte durch eine Verbesserung von ca. vier auf Six Sigma zum Beispiel ein Paketservice die Anzahl der verlorenen Postsendungen von 20.000 pro Stunde auf sieben verlorene Sendungen pro Stunde senken. Stadtwerke, die zur Bereitstellung sauberen Trinkwassers zuständig sind, senkten die Zeit an unsauberem Trinkwasser von 15 Minuten täglich auf eine Minute in sieben Monaten. Oder ein Stromanbieter konnte monatliche Stromausfälle von sieben Stunden auf eine Stunde Stromausfall alle 34 Jahre senken.

So ist Six Sigma zum Allheilmittel geworden: branchenübergreifend, anwendbar in einzelnen Abteilungen oder konzernweit, von der technischen Qualitätsbewertung oder der Messung einer Servicequalität. Überall, wo eine Leistung für Dritte erbracht wird und Qualität ein relevanter Faktor ist, kann Six Sigma eingesetzt werden, um Qualität zu steigern.

Praxisbeispiel

Im Folgenden werden wir den gesamten Six Sigma Prozess anhand eines Praxisbeispiels des Unternehmens „Zal-Uno" begleiten.

Das fiktive Unternehmen **Zal-Uno** ist ein Online-Handelsportal für Schuhe und Bekleidung. Zal-Uno wurde vor sieben Jahren von einer Handvoll Gründern in einer Garage gegründet und ist mittlerweile zu einer der größten Online-Handelsplattformen herangewachsen. Derzeit beschäftigt es rund 120 Mitarbeiter und erwirtschaftete im letzten Geschäftsjahr circa 40 Millionen Euro Umsatz. Mit seinem Hauptsitz in Berlin beliefert Zal-Uno Kunden in Deutschland, Österreich und der Schweiz. Dabei zielt es auf die Bedürfnisse in Sachen Schuhe und Bekleidung auf die Altersgruppe von 16- bis 39-Jährigen ab. Zal-Uno bezieht für sein Angebot an circa 5.000 Schuhen und Bekleidung von 67 Lieferanten. Sieben Lieferanten liefern direkt an den Kunden und generieren circa fünf Prozent des Umsatzes. Die übrigen 95 Prozent des Umsatzes werden durch Ware der 60 Lieferanten generiert, die ihre Ware vorerst an Zal-Uno liefern. Bei Bestellung beliefert Zal-Uno dann mittels Postversand den Kunden direkt.

2 Wie funktioniert Six Sigma?

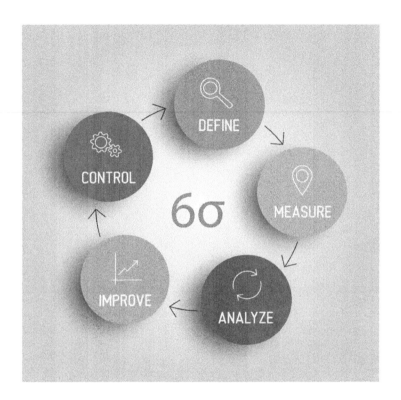

2.1 Das Konzept zur statistischen Messgröße

Wird von Six Sigma gesprochen, verbirgt sich dahinter nicht nur die statistische Messgröße, sondern ein ganzheitliches Managementkonzept. Die statistische Messgröße stellt hierbei das Kernelement dar. Sie gibt dem Konzept einen quantifizierenden Charakter, indem Qualität mittels Daten, Fakten und Kenngrößen bewertet wird. Um jedoch zur Transparenz über diese Daten zu gelangen sind diverse vorgelagerte Schritte notwendig. Durch die Qualitätsbewertung können zudem neue Erkenntnisse gewonnen werden, welche erste Ansätze zur Problemlösung liefern können.

Betrachtet man Unternehmen aus Prozesssicht, besteht dieses aus einem ganzen Netzwerk von Prozessen, die in ihrer Summe die Wertschöpfung des Unternehmens darstellen. Dabei ist kein Prozess autonom oder isoliert zu betrachten. Jeder Prozess hat Schnittstellen und Abhängigkeiten und diese verbinden die Prozesse wiederum zu einem großen Räderwerk, das das Große und Ganze ermöglicht. Vergleichbar mit einem Uhrwerk müssen hier alle Rädchen ineinandergreifen, um einen flüssigen Ablauf zu gewähren – ein stetes Ticken signalisiert den reibungslosen Ablauf und das Wandern der Zeiger mit dem Ergebnis: dem Kunden als Uhrträger die richtige Uhrzeit anzuzeigen und ihn somit zufrieden zu stellen. Ein Uhrwerk ist sicher ein Vergleich, der schon etwas in die Jahre gekommen ist. Und genau das ist der Punkt. Ein Uhrwerk kann altern, rosten, wird von neuer Technologie überholt, sieht sich veränderten Ansprüchen seitens der Uhrträger gegenüber. Trug man früher eine Uhr, um zu wissen, wieviel Uhr es ist, so ist eine Uhr heute schon mehr ein Schmuckstück geworden.

Gleiches gilt für die Strukturen und Abläuft in Unternehmen. Als Beispiel: Schleichen sich mit der Zeit Fehler in Prozesse ein, wird die Arbeit nicht mehr korrekt ausgeführt – in unserem Beispiel: das Uhrwerk stoppt, die Zeiger bleiben stehen und eine falsche Uhrzeit wird angezeigt. Im Ergebnis ist der Kunde dann unzufrieden. Vielleicht ist nur die Batterie leer – vielleicht hat sich aber auch eines der zahlreichen, winzigen Zahnrädchen verklemmt. Ein nicht zufriedenstellendes Ergebnis wirkt sich negativ auf das Unternehmen aus: ein Prozess muss erneut durchlaufen werden, das Produkt repariert oder sogar ersetzt werden. Der so entstandene Mehraufwand, um den Kundenzufrieden zu stellen, führt zu höheren Kosten und gegebenenfalls zu einem Imageverlust gegenüber den Kunden. Gerade Letzteres gilt es besonders zu vermeiden: Die Bedeutung, einen Kunden zufrieden zu stellen ist für einen langfristigen Unternehmenserfolg sicherlich nicht zu diskutieren. Insofern sind die Qualität und Zuverlässigkeit der Prozesse in einem Unternehmen auf höchstem Niveau zu halten oder dieses zu steigern.

Um in unserem Beispiel zu bleiben: Um die Rädchen der Uhr zu finden, welche Fehler verursachen, und die Ursache hierfür ausfindig zu machen hat sich Six Sigma als äußerst wirksame Methode erwiesen. Mit Six Sigma als Qualitätsmanagementansatz geht man auf Ursachenforschung. Das Räderwerk wird unter die Lupe genommen und in Einzelteile zerlegt. Falls es notwendig ist, wird auch das Rädchen selbst untersucht. Six Sigma analysiert also Prozesse beziehungsweise nimmt diese unter die Lupe. Damit hier nicht der Überblick verloren wird, gibt es praxiserprobte Werkzeuge und einen strukturierten Ablauf zur Vorgehensweise: ein Six Sigma Projekt.

Beschäftigen wir uns also mit Six Sigma aus Projektsicht. Wie erfolgt ein Six Sigma Projekt? Zu Beginn eines Six Sigma Projekts steht eine Vorbereitungsphase. Hierbei werden die Rahmenbedingungen festgelegt bezüglich Projektgegenstand, Laufzeit des Projekts, der benötigten Ressourcen etc. Nachdem das Projekt aufgesetzt wurde, gibt es ein ganz eindeutig beschriebenes Vorgehen für alle darauf folgenden Projektphasen. Ein Six Sigma Projekt richtet sich an einem fünfphasigen Zyklus aus. Dieser besteht aus den folgenden Phasen: D - M - A - I - C. „DMAIC" ist ein Akronym, hinter dem sich nicht nur die Reihenfolge, sondern auch der jeweilige Arbeitsfokus der aufeinander aufbauenden Projektphasen verbirgt. Nach folgendem Schema werden Projekte durchgeführt:

- **D** – Define (1. Phase)

- **M** – Measure (2. Phase)

- **A** – Analyze (3. Phase)

- **I** – Improve (4. Phase)

- **C** – Control (5. Phase)

- ... mit den folgenden Fragestellungen (Abb. 4):

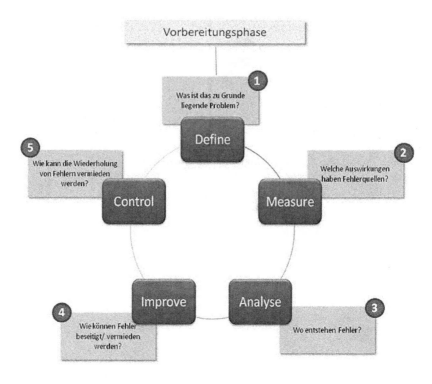

Abbildung 4: Übersicht Phasen Six Sigma

Der DMAIC Zyklus ist ein Standardprozess. Er ist quasi der Kern von Six Sigma. Alle Six Sigma Projekte verlaufen nach diesem Prozess. Da unterschiedliche Branchen, Unternehmen, Prozesse und Produkte unterschiedliche Anforderungen haben, gibt es verschiedene individuell angepasste Abwandlungen des DMAIC Zyklus. Er fokussiert dabei auf die Reparatur oder Verbesserung eines bestehenden Prozesses; nicht für die grundlege Generierung eines gänzlich neuen Prozesses. Für Letzteres kommt DfSS (Design for Six Sigma) in Frage, auf das hier nicht näher eingegangen werden soll.

Erste Phase: Define

„Define" ist das englische Wort für Definition, zu Deutsch Festlegung. Das Unternehmen beschäftigt sich hier mit der Festlegung des zugrunde liegenden Problems. Diese beschreibt den Hauptfokus eines Six Sigma Projektes. Folgende Fragestellung unterstützt dabei, eine klare Ausgangslage zur Projektdefinition zu schaffen:

[1] Welche Anforderungen haben die Kunden an die Leistung oder das Produkt des Unternehmens?

Beim Vorgehensmodell von Six Sigma geht es besonders in dieser ersten Phase eines Projektes darum, die „Brille" des Kunden aufzusetzen. Demnach gilt es in erster Linie, den Prozess nicht aus unternehmerischer Perspektive zu betrachten und zu bewerten. Es geht vielmehr darum, den Kunden mit einzubeziehen und seine Sicht ins Unternehmen zu bringen. Die folgenden Schritte helfen dabei, die Kundensicht bezüglich des betrachteten Prozesses einzunehmen und für das Unternehmen zu nutzen:

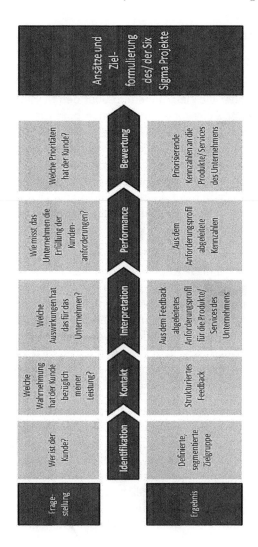

Abbildung 5: Wesentliche Fragen

Identifikation

In diesem ersten Teilschritt beschäftigt man sich mit der Fragestellung „Wer ist mein Kunde?". Hierbei geht es darum, einen Überblick über die Zielgruppe und über den Marktanteil zu erhalten. Unter Zielgruppe versteht man potenzielle und bestehende Kunden. Also die Menschen, die das Unternehmen durch sein Produkt oder seine Leistung zufrieden stellen möchte. Es kann sich hierbei neben externen auch um interne Kunden handeln. Ein externer Kunde ist hierbei beispielsweise eine Privatperson beziehungsweise ein Endkunde. Ein interner Kunde kann zum Beispiel eine Filiale oder Niederlassung innerhalb des Unternehmens sein.

Um Transparenz über die bestehenden Kunden zu erhalten reicht es gewöhnlich aus, wenn ein Unternehmen hier auf seine Kundendatenbank zurückgreift, um so seinen bestehenden Kundenstamm abzurufen. Marktbeobachtungen und entsprechende Marktdaten hinsichtlich Konsumtrends können Auskunft über potenzielle Kunden geben. Hat das Unternehmen nun seine **Zielgruppe** definiert, wird diese nach Bedürfnissen und wirtschaftlicher Bedeutung für das Unternehmen segmentiert (z. B. nach Umsatz, Branche oder Region).

Dies hilft dabei, einen strukturierten Überblick über den Kundenstamm zu schaffen. Zudem können die Aussagen der Kunden im Rahmen des Six Sigma Prozesses auch gewichtet werden. Berücksichtigt man Gewichtungen im Prozess, würde die Meinung eines Großkunden mit einem erheblichen Umsatzvolumen stärker ins Gewicht fallen, da hier eine potenzielle Abwanderung einen größeren Einfluss auf den Umsatz des Unternehmens hätte, als wenn ein „kleiner" Kunden abwandern würde.

Kontakt

Nach der Identifikation und Segmentierung der Zielgruppe wird nun die „Voice of the Customer" (VOC), die Stimme des Kunden, eingeholt. Dazu wird der direkte Kontakt mit dem Kunden gesucht, um sich ein Bild über die aktuelle Kundenwahrnehmung zu machen. Eine strukturierte Vorgehensweise hierfür ist beispielsweise, das Einholen der Kundenmeinung in der Form der vorab definierten Segmente. Hierdurch kann diese unmittelbar zugeordnet und ausgewertet werden.

Existiert im Unternehmen bereits eine bestimmte Form der Datenerfassung, beispielsweise im Bereich Beschwerdemanagement, kann es auf bereits erhobene Daten zurückgreifen. Für aktuelle Werte eignet sich dennoch eine Befragung der Kunden, beispielsweise mittels Online-Umfragen, Feedbackbögen nach erbrachter Leistung oder mittels Telefon-Umfragen. Worauf ist hierbei zu achten? Es ist besonders die Objektivität des Kunden wichtig, da beschönigte Bewertungen zu einem falschen Ansatz oder Fokus des Verbesserungsprojektes führen würden. Hierauf an dieser Stelle im Detail einzugehen wäre zum umfangreich und würde den Rahmen dieses Buchs sprengen. Um es kurz zu fassen: Um Subjektivität zu verhindern ist es auf jeden Fall sinnvoll, eine entsprechend ausreichende Zahl an Meinungsäußerungen einzuholen, um möglichst viele unterschiedliche Meinungsbilder generieren zu können. Diese Meinungsäußerungen können sich hierbei sowohl auf bestehende als auch auf potenzielle Kunden beziehen.

Interpretation

Hat der Kunde seine Meinung geäußert, gilt es nun aus dieser Information seine Bedürfnisse abzuleiten. Hierfür wird die folgende Fragestellung verwendet: Was ist die Erwartung des Kunden und welche Aspekte sind für ihn am wichtigsten? Diese Kundenbedürfnisse verraten dem Unternehmen, wie es den Kunden erfolgreich zufriedenstellen kann, oder sogar, wie es die Erwartungen des Kunden übertreffen kann. Da ein zufriedener Kunde die beste Basis für die wirtschaftliche Zukunft eines Unternehmens ist, sollten die Kundenbedürfnissen als wichtige und wesentliche Schlüsselinformation für den Erfolg des Unternehmens verstanden werden. Zudem geben die konkreten Ansprüche des Kunden an die Leistungen oder Produkte des Unternehmens ebenfalls eine Orientierung und Richtung vor, auf die das Unternehmen seine Prozesse hin optimieren sollte.

Aus den Kundenaussagen werden dann Kundenbedürfnisse formuliert, diese wiederum definieren dann Handlungsfelder. Beispielsweise wäre aus folgender Kundenaussage „Die Lieferzeit der Produkte ist zu lange" das entsprechende Kundenbedürfnis zu formulieren: „Eine kürzere Lieferzeit mit bis zu maximal 48 Stunden", welches wiederum eine Handlungsempfehlung für das Unternehmen generiert: „Senkung der durchschnittlichen Durchlaufzeit".

Performance

Bei Performance geht es nun um Messung der Leistung. Dem Unternehmen stellt sich nun außerdem die Frage: Wie kann es die Erfüllung der Anforderungen der Kunden messen?

Hierzu benötigt es quantitative Größen, welche Auskunft über die Produkt- oder Servicequalität geben. Je nachdem, welches Kriterium im Fokus der Qualitätsbeurteilung steht, sind verschiedene Kennzahlen daraus abzuleiten. Das Kundenbedürfnis „Eine kürzere Lieferzeit bis zu maximal 48 Stunden" resultiert in der Aufforderung, die Durchlaufzeit zu senken. Die Kennzahl der durchschnittlichen Durchlaufzeit wäre eine aussagekräftige Messzahl, um die Erfüllung des Kundenbedürfnisses zu messen.

Da diese Kennzahlen sich auf Merkmale beziehen, welche unmittelbar vom Kunden wahrgenommen werden, werden sie auch **CTQ's (Critical to Quality)** genannt: qualitätskritische Merkmale aus Sicht des Kunden. CTO's sind deswegen aus Sicht der Methodik Six Sigma folglich kritische Fokuspunkte zur Bewertung der unternehmerischen Leistung.

Bewertung

Als Ergebnis der vorherigen Phase hat man also qualitätskritische Merkmale identifiziert beziehungsweise definiert. Wieder auf die Wahrnehmung des Kunden fokussiert, werden nun diese CTQ's in eine Bewertungsrunde an die Kunden geschickt.

Dabei steht nun im Fokus, wie relevant die unterschiedlichen Qualitätsmerkmale für den Kunden sind. Der Kunde gewichtet nach seinen Ansprüchen die einzelnen Kriterien, beispielsweise über ein klassisches Rating mit den Auswahlmöglichkeiten von 1 bis 5, wobei 1 „unwichtig" und 5 „sehr wichtig" entspricht.

Sind alle Schritte durchlaufen, hat das Unternehmen nun ein klares Bild darüber, wer seine Kunden sind, was sie von seinem Leistungsportfolio erwarten und welche Kriterien des Leistungsoutputs, also des Services oder des Produkts, ihnen dabei am wichtigsten sind. Letztere stellen für das Unternehmen konkrete Ansatzpunkte dar, auf Basis derer eine Zielformulierung des Projektes möglich ist, welches zum nachfolgenden Schritt führt:

[2] Welche Ziele sollen mit dem Six Sigma Projekt erreicht werden?

Six Sigma zieht die Bedürfnisse des Kunden als wesentlichstes Entscheidungskriterium als Basis hinzu. Dieses verdeutlicht die besondere Vorgehensweise von Six Sigma: die Wünsche des Kunden bestimmen im Wesentlichen die Zielsetzung des Unternehmens und definieren das qualitative Anspruchsniveau an seine Leistungserbringung.

Ist beispielsweise eine Priorität des Kunden die termingerechte Lieferung mit möglichst kurzen Lieferzeiten, wäre die Lieferzeit ein kundenkritisches Qualitätsmerkmal (CTQ). Hierbei wäre dann Six Sigma Projekt darauf ausgerichtet, die Lieferprozesse intern nach den Ansprüchen des Kunden so zu optimieren, dass genau dieser Kundenwunsch optimal erfüllt wird. Konkret bedeutet dies, die Lieferzeit exakt auf die Erwartungen des Kunden anzupassen.

Um die Rahmenbedingungen für ein Six Sigma Projekt festzulegen, wird ein zentrales Dokument erstellt. Dieses wird **Project Charter** genannt. Man könnte in diesem Zusammenhang auch von einer Landkarte des Projekts sprechen. Diese legt nicht nur Namen und Verantwortlichkeiten im Projekt fest, sondern es beinhaltet ebenfalls auch noch die folgenden Inhalte:

- Inhalt und Hintergrund

- Erwartete Ergebnisse und Zielsetzung

- Projektumfang und benötigte Ressourcen (Projektteam und Teamrollen)

- Erfolgsfaktoren

- Start- und Enddatum

- Voraussichtliche Projektkosten

- Risiken und Hypothesen

- Hindernisse und Abhängigkeiten

- Meilensteine (entsprechen gewöhnlich den Phasen des DMAIC Zyklus)

- Um das zu lösende Problem wird somit ein Konzept und eine Vorgehensweise zur Lösungssuche entwickelt und festgelegt.

Die Ergebnisse der Phase „Define" sind:

- klares Bild über die Kunden und potenzielle Kunden

- wichtigste Kundenbedürfnisse samt entsprechender Kennzahlen identifiziert

- Konzeption des Projektes mit Ablaufplanung, Zielsetzung, benötigte Ressourcen und Budget

Praxisbeispiel: Phase „Define" bei Zal-Uno

Zal-Uno verzeichnete in den letzten Monaten negative Re-
zensionen bei verschiedensten Bewertungsportalen. Auch
der Umsatz ist in manchen Segmenten seit einiger Zeit leicht
rückläufig oder er stagniert. Um nicht wahllos Verbesse-
rungsinitiativen zu starten und seine aktuelle Leistung aus
Sicht des Kunden quantitativ bewerten zu können, entschließt sich das Management zur Durchführung eines Six
Sigma Projekts. Wie bereits erwähnt, hat sich die Abteilung
Organisation des Themas angenommen.

Um sich ein klares Bild über die Außenwirkung von Zal-Uno
zu verschaffen und um Ansatzpunkte für Verbesserungsprojekte zu identifizieren, entschließt sich die Organisationsab-
teilung zu einer Kundenbefragung. Hierbei durchläuft es folgenden Prozess mit den entsprechenden Ergebnissen:

Hierdurch konnte Zal-Uno die Zielsetzung seines Projektes
formulieren: Die Kunden bemängelten vorrangig die unzu-
verlässige, häufig verspätete Lieferzeit seiner Produkte. Der
Fokus im Projekt richtet Zal-Uno deswegen auf die Bestell-
und Liefervorgänge mit dem Ziel, diese zu optimieren beziehungsweise bezogen auf die Zeit zu verkürzen. Die Steue-
rungsgröße, auf die abgezielt wird, oder auch wichtigste

Kennzahl ist hierbei die „durchschnittliche Durchlaufzeit des Bestell- und Lieferprozesses".

Zal-Uno entwirft nun ein Project Charter, welches alle relevanten Informationen und den Rahmen des Projektes festsetzt:

Fakten und relevante Größen:

600000 Bestellungen/ Jahr
450000 Bestellungen final (75 Prozent)
150000 Bestellungen Rücklauf (25 Prozent)

Umsatz: 40 Mio Euro
Durchschnittl. Bestellwert: rund 89 Euro

Ziel:

Reduktion Rücksendungsquote auf 21 Prozent → minus 4 Prozent
Entspricht 24 000 Rückläufe weniger
Kosten pro Rücklauf:
Sachkosten 3 Euro
Opportunitätskosten 2 Euro
Personalkosten 8 Euro
Gesamt: 15 Euro a Rücklauf
Kosteneinsparung: 24 000 a 15 Euro= 360 000 Euro

Umsatzsteigerung von 4 Prozent:
600000 + 0,04 = 24 000 Bestellungen mehr/ Jahr a 89 Euro= 2,136 Mio Euro mehr Umsatz

Projektname: Go fast – Lieferzeiten verkürzen

Problembeschreibung:	**Net Benefit:**
Kunden melden negative Rezessionen vor allem bezüglich Nichteinhalten von termingerechter Lieferung	Kosteneinsparung durch Reduktion von Rücksendungen (derzeit Rücksendungsquote 25 %, Ziel 21 % ca. 360.000 €)
Wettbewerber liefern schneller als Zal-Uno	Umsatzsteigerung durch gestiegene Kundenzufriedenheit und Ausstrahlungseffekte (2,1 Mio €)
	Projektumfang:
	3 Monate, Budget 600.000 Euro
Ziele:	**Rahmen:**
Lieferzeiten drastisch kürzen um Kundenzufriedenheit zu steigern	Six Sigma Projekt, abteilungsübergreifend
Nutzen	**Ressourcen**
	Customer Service Center Abteilungsleiter
Gewinnsteigerung durch Kosteneinsparung und Umsatzsteigerung	Abteilungsleiter Lager
	Abteilungsleiter IT
Kundenzufriedenheit erhöhen und Services auf Ansprüche der Kunden ausrichten	Abteilungsleiter Vertrieb
	Zeitvorgaben
Konkorrenzfähiger, bevorzugte Online-Plattform des Kunden werden	Start: 01.August 2012 Ende 31. Oktober 2012
Unterschriften	

Zweite Phase: Measure

Measure bedeutet zu Deutsch „Messen". Im Rahmen der Measure-Phase geht es darum, die aktuelle und tatsächliche Prozessleistung zu messen. Prozessleistung kann je nach Leistungserbringung entweder der bereitgestellte Service, z.B. eine Lieferung, oder ein Produkt darstellen. Zur Leistungsbeurteilung werden die in der „Define"-Phase abgeleiteten Kennzahlen herangezogen. Sie ermöglichen es, Kundenanforderungen quantitativ zu beurteilen. Um dies an einem Beispiel nochmals zu verdeutlichen, sei folgende Kundenäußerung „Die Lieferzeit der Produkte dauert zu lange" gegeben. Das Unternehmen konnte bereits darauf schließen, dass es dem Kundenbedürfnis von einer termingerechten Lieferzeit, bis beispielsweise maximal 48 Stunden, derzeit nicht nachkommt. In wieweit die Leistungserbringung jedoch tatsächlich vom Kundenbedürfnis abweicht, liefert nun die vorgenommene Messung der Prozessleistung.

Hier liefert die Kennzahl der durchschnittlichen Durchlaufzeit Auskunft. Eine Messung über einen bestimmten Zeitraum hinweg ergibt eine durchschnittliche Durchlaufzeit von 72 Stunden. Das Unternehmen weiß nun, dass es das Kundenbedürfnis in der Regel um einen Tag verfehlt. Hierdurch können nun konkrete Potenziale für Verbesserungen erkannt werden.

Wie bereits erwähnt, geht es also darum, den Prozess unter einem bestimmten Gesichtspunkt, der Kennzahl, die definiert wurde, über einen gewissen Zeitraum zu betrachten und aufzuzeichnen.

[1] Auf welche Art und Weise ist der Prozess am besten zu messen?

Für die Messung nach der „Measure"-Phase wird über einen längeren Zeitraum eine Datenbasis hinweg benötigt. Erst wenn Daten, also Ergebnisse der Prozessleistung über einen bestimmten Zeitraum hinweg vorliegen, kann eine aussagekräftige Beurteilung über die Prozessleistung getroffen werden. Eine Stichprobe mit der Betrachtung von nur einem Ergebnis des Prozesses könnte ein entweder zu negatives oder ein zu positives Urteil zur Folge haben. Ist das eine betrachtete Ergebnis besonders gut oder schlecht, würde dementsprechend die generelle Prozessleistung beurteilt werden, ohne mögliche Schwankungen in den Ergebnisausprägungen zu berücksichtigen. Daher werden Stichproben über einen längeren Zeitraum genommen, um eine Beobachtungsreihe zu erhalten, welche Abweichungen zwischen den Ergebnissen erkennen und Durchschnittswerte ermitteln lassen.

Vor Beginn der Messung ist es sinnvoll, einen Datenerfassungsplan zu erstellen. Hierbei handelt es sich um ein Dokument, welches festlegt was, wann, wie und durch wen gemessen wird. Konkret bedeutet dies das Festlegen einer genauen Vorgehensweise, die Art und Weise der Aufzeichnung, Verantwortlichkeiten während der Erfassung sowie der Zeitraum der Erfassung. Konkrete Fakten, die der Datenerfassungsplan beinhält, stellen zum Beispiel folgende Kriterien dar:

- Anzahl der Formulare zur Erfassung

- Messskala bezogen auf den Prozess

- Zielwerte bezogen auf den Prozess

- Erfassungszeitraum

- Ausmaß und Häufigkeit der Stichproben

Der Datenerfassungsplan liefert also wiederum ein konkretes Konzept, um das erwünschte Ergebnis, die Beurteilung der Prozessleistung, zu ermitteln. Dazu sollte sich das Unternehmen

vorab informieren, welche Informationen und Daten bereits vorliegen, um zusätzliche Aufwände vermeiden zu können. Außerdem kann somit verhindert werden, dass die Bearbeitung doppelt
erfolgt oder dass Daten auf unterschiedliche Art und Weise gemessen werden. Grundsätzlich gilt es in dieser Phase, stets auf
Qualität statt Quantität zu achten, da nicht die Menge, sondern
die Aussagekraft der Daten entscheidend ist: Liefern die erhobe-
nen Daten tatsächlich eine fundierte Basis, um die Leistung des
betrachteten Prozesses beurteilen zu können? Dies ist wichtig, da
die aus der „Measure"-Phase hervorgehende Leistungsbeurteilung zu Ansätzen für Verbesserungsmaßnahmen führen. Fehler,
die in dieser frühen Phase gemacht werden, können später
schwer behoben werden. Die Qualität der Daten ist folglich aus-
schlaggebend für den Erfolg des Projekts.

Wie bereits im ersten Kapitel erwähnt, ist das Kernelement der
Six Sigma Methode die quantitative Bewertung von Qualität mittels eines statistischen Verfahrens. Die definierten Kennzahlen
werden nun in dieser Phase herangezogen und qualitativ bewertet. Nach Erstellung des Datenerfassungsplans beginnt dann die
Erhebung der Daten. Bei der Betrachtung eines Lieferprozesses
ist beispielsweise ein Kundenbedürfnis die termingerechte Lieferung. Somit ist die Kennzahl „durchschnittliche Lieferzeit" die
untersuchte Eigenschaft des Prozesses. Während des Betrach-
tungszeitraumes von zum Beispiel sechs Wochen erhält man unterschiedliche Ausprägungen der Lieferzeiten, zum Beispiel Werte
von einem bis sieben Tagen. Diese Werte, also **Daten** sind folglich
über ein bestimmten Zahlenraum **gestreut**.

Um diese **Streuung** qualitativ bewerten zu können, wird ein
Streuungsmaß benötigt: Dieses nennt man das **Six Sigma Niveau**.
Zur Ermittlung dieses Niveaus wird das folgende Vorgehen ver-
wendet:

▨ Die Standardnormalverteilung, auch **Sigma** genannt, mit:

　o dem Gipfelpunkt oder auch Erwartungswert

　o den Wendepunkten und damit dem Sigma Niveau

▨ Spezifikationsgrenzen oder auch der Toleranzbereich des Kunden

Zur graphischen Darstellung der Streuung der Daten zieht man die **Standardnormalverteilung** heran, diese wird auch **Sigma** genannt. Hierbei handelt es sich um eine graphische Darstellung der Standardnormalverteilung mittels einer Kurve. Ist diese normalverteilt, bedeutet das eine gleichmäßig Streuung um den Erwartungswert und damit eine achsensymmetrische Kurve. Sie verläuft also jeweils bezogen auf den Erwartungswert gleich: Von ihrem **Gipfelpunkt** aus gesehen, dem höchsten Punkt der Kurve, fällt die Kurve nach links und nach rechts im exakt gleichen Winkel ab. Würde man sie in der Mitte teilen, wären beide Hälften deckungsgleich.

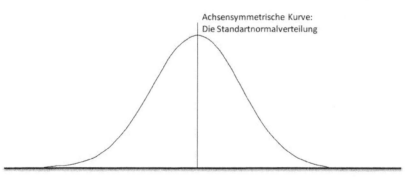

Abbildung 6: Grafik Six Sigma Achse

Wie bereits erwähnt, beinhaltet die Kurve einen Gipfelpunkt. In der Six Sigma Methode entspricht dieser dem **Erwartungswert**. Dieser wurde bereits in der „Define"-Phase durch den Kunden vorgegeben. Es stellt den Wert dar, welcher die Erwartungen des Kunden maximal erfüllt: beispielsweise eine Lieferzeit von 48 Stunden – somit hat der Wert also die Höhe „zwei Tage".

Da das Unternehmen sich daran orientiert, dass das Kundenbedürfnis stets erfüllt wird, entspricht der Erwartungswert auch dem Zielwert für die Leistung des Prozesses. Daher wird der Prozess folglich so ausgerichtet, dass der Erwartungswert getroffen wird. Ähnlich dem handwerklichen Vorgang, einen Nagel in die Wand zu hämmern: Man versucht den Nagel stets auf den Kopf zu treffen, daher wird er als Ziel, entsprechend dem Erwartungswert, fokussiert und meistens auch getroffen. Der **Erwartungswert** stellt somit die häufigste Ausprägung dar.

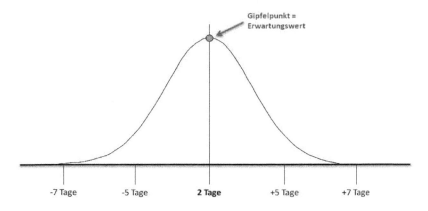

Abbildung 7: Grafik Six Sigma Gipfelpunkt

Ein gewisser Grad an Abweichungen vom Erwartungswert kann nicht vermieden werden. Durch externe Einflüsse wie zum Beispiel schlechte Witterungsbedingungen kann sich die Lieferzeit auch ohne direktes Verschulden des Unternehmens verzögern. Jedoch auch interne Einflüsse durch einen fehlerhaften Ablauf im Prozess führen zu Verzögerungen. Wieder auf das handwerkliche Beispiel bezogen, bedeutet dies: Leider schlug der Hammer auch ab und zu daneben: links oder rechts vom Nagel.

Die Fläche unterhalb der Kurve zeigt alle **Abweichungen** vom Erwartungswert (Nagel) und deren Häufigkeit. Dabei gilt: je weiter der Hammer daneben schlug, desto größer die **Abweichung** vom Erwartungswert. Der Datenpunkt liegt also weiter auf der Kurve von diesem entfernt. Je häufiger der abweichende Wert getroffen wurde, desto höher der Punkt auf der Kurve. Die Häufigkeit und der Grad der Abweichung bestimmen somit die Form und Größe der Fläche unterhalb der Kurve.

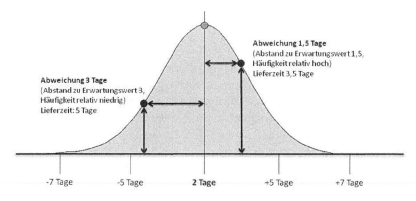

Abbildung 8: Grafik Six Sigma Abweichung

Die Kurve wird wie folgt betrachtet: Vom Erwartungswert aus fällt sie nach links und rechts gleichmäßig ab. Die Wölbung geht hierbei zuerst nach innen. Ab einem gewissen Punkt dreht sich der Verlauf der Kurve jedoch nach außen. Diesen Punkt nennt man **Wendepunkt**. Der Wendepunkt ist also der Punkt, an dem der Verlauf der Steigung sich so verändert, dass die Steigung zunimmt oder abnimmt.

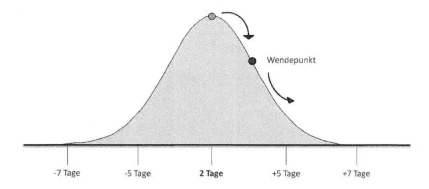

Abbildung 9: Grafik Six Sigma Wendepunkt

Der Abstand vom Wendepunkt zum Erwartungswert gilt als Maßeinheit für das Sigma, um zu beschreiben, wie flach und breit oder wie steil und schmal die Kurve ist. Sigma ist also ein Streuungsmaß. Dabei gilt:

1. Je **weiter** der Wendepunkt vom Erwartungswert entfernt liegt, **desto breiter ist ein Sigma**. Folglich bedeutet dies eine breitere Streuung und eine flachere Kurve. Der Erwartungswert wurde weniger häufig getroffen, die Werte des beobachteten Prozesses lagen häufig neben dem Erwartungswert mit größeren Abweichungen zu diesem.

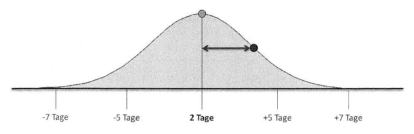

Abbildung 10: Grafik Six Sigma Breite

2. Je **näher** der Wendepunkt am Erwartungswert liegt, desto **schmaler ist ein Sigma**. Folglich ist die Streuung schmäler und die Kurve steiler. Die Werte des beobachteten Prozesses lagen also häufiger auf oder nahe am Erwartungswert mit geringeren Abweichungen zu diesem.

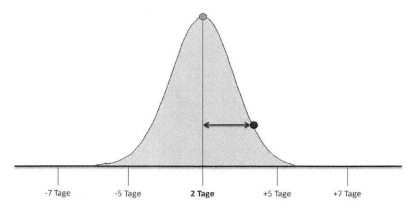

Abbildung 11: Grafik Six Sigma Achse Schmal

Das höchste Maß an Zufriedenheit des Kunden besteht im Erwartungswert. Diese ist in der Grafik durch den Gipfelpunkt in der Grafik dargestellt. Jedoch ist der Kunde auch bei **Abweichungen von diesem zu einem gewissen Grad** stets noch zufrieden. Dies kann konkret zum Beispiel bedeuten, dass sich eine Lieferzeit von nur einem Tag und maximal drei Tagen auch nicht negativ auf die Qualitätsbeurteilung und Zufriedenheit des Kunden auswirkt.

Somit wird dem Unternehmen eine Art **Toleranzbereich** ermöglicht, in welchem es den Kunden zufrieden stellen kann: indem es die Ware im Zeitraum von ein bis drei Tagen liefert. Die untere Toleranzgrenze ist damit der Wert „ein Tag", die obere Toleranzgrenze „drei Tage". Alle Werte außerhalb führen zur negativen Wahrnehmung und damit Unzufriedenheit seitens des Kunden. Wieder in statistische Größen übersetzt, bezeichnet man diese untere beziehungsweise obere Toleranzgrenze als **untere** beziehungsweise **obere Spezifikationsgrenze**.

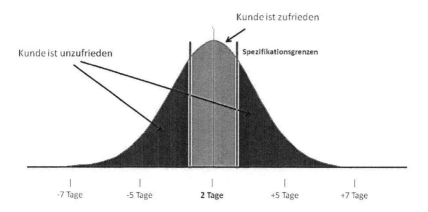

Abbildung 12: Grafik Six Sigma Achse Kundenzufriedenheit

Betrachtet man nun die Daten in dem Diagramm mit den unterschiedlichen Ausprägungen, in unserem Beispiel die unterschiedlich langen Lieferzeiten, kann man sowohl erkennen, wie häufig man den Erwartungswert getroffen hat, als auch wie häufig die Lieferzeiten innerhalb oder außerhalb der Spezifikationsgrenzen lagen. Somit lässt sich erkennen, wie häufig man den Kunden maximal zufrieden, „nur noch gerade so zufrieden" oder unzufrieden gestellt hat.

Um quantitativ zu bemessen, wie viel der Fläche innerhalb und außerhalb des Toleranzbereiches des Kunden liegt, wird **Sigma** als Maßzahl verwendet. Da Sigma ein Streuungsmaß ist, beschreibt es sowohl die Fläche als auch den Abstand. Ein Sigma umfasst deswegen circa 60 Prozent der Datenpunkte, die in der Grafik als die Fläche beschrieben werden. Je flacher die Kurve, desto breiter das Sigma, desto breiter die Streuung. Dieses bedeutet konkret eine höhere Abweichung vom erwünschten Wert (Erwartungswert) und damit in unserem Beispiel eine geringere Qualität. Je höher die Kurve, desto kleiner das Sigma, das bedeutet, die 60 Prozent der Datenpunkte liegen näher am Erwartungswert, das heißt eine bessere Qualität.

Dabei misst Sigma den **Abstand der Spezifikationsgrenzen zum Erwartungswert**. Wie bereits bei den Wendepunkten beschrieben, hängt die Größe eines Sigmas davon ab, wie weit der Wendepunkt vom Erwartungswert entfernt ist.

Grundsätzlich können hierbei drei unterschiedliche Fälle unterschieden werden:

- schlechte Prozessqualität: breite Kurve

- gute Prozessqualität: hohe Kurve

- gleiche Prozessqualität: keine Veränderung der Kurve

Der Fall eines qualitativ **schlechten Prozesses** hätte somit folgende Merkmale:

- Die Streuung ist breit und die Kurve der Standardverteilung ist flach.

- Der Wendepunkt ist relativ weit vom Erwartungswert entfernt (flache Kurve).

▨ Ein Sigma ist damit relativ weit, also der Abstand des Erwartungswerts zum Wendepunkt ist sehr weit.

▨ In Sigma ausgedrückt sind daher die Spezifikationsgrenzen relativ nahe am Erwartungswert, da das Beurteilungsmaß Sigma relativ breit ist und beispielsweise nur einmal zwischen die Spezifikationsgrenzen und den Erwartungswert passt.

▨ Damit ist die Fläche der Kurve innerhalb des Toleranzbereichs der Kurve relativ gering und somit die Prozessqualität schlecht. Ein Niveau von beispielsweise **einem Sigma** bedeutet, dass die Spezifikationsgrenzen ein Sigma vom Erwartungswert entfernt liegen. Das heißt, ca. 69 Prozent der Werte liegen im Toleranzbereich. 31 Prozent der Werte liegen im Bereich außerhalb: dieser ist nicht zufriedenstellend für den Kunden. Die Wahrscheinlichkeit für ein Nicht-Erfüllen des Kundenbedürfnisses ist demnach noch relativ hoch, ebenso die Anzahl an Reklamationen.

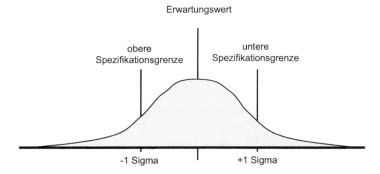

Abbildung 13: Grafik Six Sigma Achse Target 1

Der Fall eines Prozesses mit einer hohen, verbesserten Prozessqualität könnte wie folgt aussehen:

▨ Die Streuung hat bereits etwas abgenommen, ist damit schmaler und die Kurve der Standardverteilung steiler geworden.

▨ Der Wendepunkt ist näher am Erwartungswert (schmälere Kurve).

▦ Ein Sigma hat daher in seiner Größe abgenommen und ist vergleichsweise schmäler.

▦ In Sigma ausgedrückt sind daher die Spezifikationsgrenzen weiter vom Erwartungswert abgerückt, da das Beurteilungsmaß Sigma verschmälert wurde und häufiger zwischen Spezifikationsgrenzen und Erwartungswert passt.

▦ Damit ist die Fläche der Kurve innerhalb des Toleranzbereichs gewachsen und somit die Prozessqualität verbessert. Beispielsweise wurde nun das Niveau von **drei Sigma** erreicht: die Spezifikationsgrenzen liegen drei Sigma vom Erwartungswert entfernt. So liegen bereits ca. 93 Prozent der Werte innerhalb des Toleranzbereichs. Nur noch 6,7 Prozent der Werte konnten das Kundenbedürfnis nicht erfüllen. Die Prozessleistung ist folglich gestiegen.

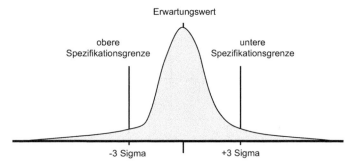

Abbildung 14: Grafik Six Sigma Achse Target 2

Ein Fall mit dem Niveau von **Six Sigma** ließe sich dann wie folgt beschreiben:

▦ Die Streuung hat noch weiter abgenommen, ist damit noch schmaler und die Kurve der Standardverteilung nochmals steiler geworden.

▦ Der Wendepunkt ist noch weiter an den Erwartungswert herangerückt (sehr schmale Kurve).

▦ Ein Sigma ist somit als Maßeinheit sehr schmal geworden.

- In Sigma ausgedrückt sind daher die Spezifikationsgrenzen weiter vom Erwartungswert abgerückt, da das Beurteilungsmaß Sigma sehr schmal wurde und nun sechsmal zwischen die Spezifikationsgrenzen und den Erwartungswert passt.

- Damit ist die Fläche der Kurve innerhalb des Toleranzbereichs stark gewachsen und somit die Prozessqualität weiter verbessert. 99,99966 Prozent der Werte liegen im Toleranzbereich des Kunden. Nur 0,00034 Prozent der Werte liegen außerhalb des Toleranzbereichs und führen damit zu Unzufriedenheit seitens des Kunden. Allgemein wird dies als nahezu fehlerfreier Prozess angesehen. Die Wahrscheinlichkeit, dass das Kundenbedürfnis nicht erfüllt wird, ist verschwindend gering.

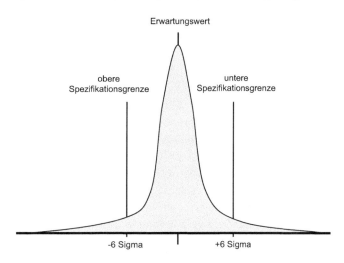

Abbildung 15: Grafik Six Sigma Achse Target 3

Die Ausmaße der Verbesserungen unterschiedlicher Sigma Niveaus lassen sich bei der Betrachtung von einer Million Wiederholungen bzw. Ausführungen des Prozesses klar erkennen:

Sigma	Fehlerquote	Abweichungen pro Million
1	69%	691.462
2	31%	308.538
3	6,7%	66,807
4	0,62%	6.210
5	0,023%	233
6	0,00034%	3

Abbildung 16: Fehlerquote

Die Verbesserung von einem auf das nächsthöhere Sigma-Niveau hat dabei bereits erstaunliche Auswirkungen: Eine Verbesserung von 4 Sigma zu 5 Sigma bedeutet bereits eine 27-fache Verbesserung: die von Kunden als qualitativ schlecht beurteilten Prozessleistungen konnten von 6.210 auf 233 verringert werden. Von 5 Sigma auf 6 Sigma erreicht man bereits eine 69-fache Verbesserung der Prozessleistung. Statt 233 „qualitativ schlechte" Prozessleistungen aus Kundensicht bei einer Million Ausführungen gibt es bei einem Prozess auf Six Sigma Niveau lediglich noch drei „qualitativ schlechte" Prozessoutputs.

Wie nun deutlich wird, stellt die Statistik durch Ermittlung des Six Sigma Niveaus eine faktenbasierte Messgröße zur Einschätzung der Leistungsfähigkeit des Prozesses zur Verfügung. Somit können faktenbasierte Aussagen getroffen werden, wie häufig man den Kunden zufrieden stellt und wie häufig man die Erwartungen des Kunden verfehlt. Somit wird dem Unternehmen aufgezeigt, wie effizient es Kundenbedürfnisse tatsächlich erfüllt. Dies dient wiederum als Ansatz, Verbesserungspotenziale aufzudecken und konkrete Maßnahmen hierfür zu treffen.

Ergebnis dieser Phase „Measure" ist:

Quantitative Beurteilung der Prozessleistung hinsichtlich der Erfüllung des Kundenbedürfnisses: wie oft wird der Kunde zufriedengestellt, wie oft werden seine Erwartungen nicht erfüllt.

Praxisbeispiel Zal-Uno Phase: „Measure"

Durch die Kundenbefragung in der „Define"-Phase wurde Zal-Uno nicht nur bekannt, dass die Kunden sich über zu lange Lieferzeiten beschweren. Es wurde auch untersucht, welche konkreten Anforderungen die Kunden hierauf bezogen haben:

Eine Lieferung nach 3 Tagen stellt den Kunden zufrieden. Er akzeptiert eine Lieferung ebenfalls nach bereits einem Tag oder maximal fünf Tagen. Der Erwartungswert des Bestell- und Lieferprozesses von Zal-Uno lautet daher „3 Tage", die untere Spezifikationsgrenze „1 Tag" und die obere Spezifikationsgrenze „5 Tage". Somit ist Zal-Uno ein Toleranzbereich von 1 – 5 Tage zur Lieferung seiner Produkte gegeben. Aktuell verzeichnet Zal-Uno eine durchschnittliche Lieferzeit von 5 Tagen. Somit weicht es häufig zwei Tage vom Erwartungswert ab. Die Streuung der Daten ist damit relativ breit:

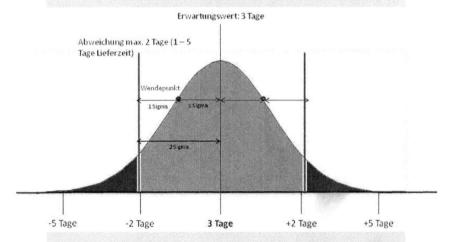

Zal-Uno erfüllt also mit seinem aktuellen Bestell- und Lieferprozess ein Sigma Niveau von 2 Sigma. Dies bedeutet: In 69 Prozent der Fälle stellt Zal-Uno seine Kunden zufrieden: Bei

600.000 Lieferungen jährlich bedeutet das 414.000 termingerechte Lieferungen pro Jahr.

In 31 Prozent der Fälle verfehlt Zal-Uno das Kundenbedürfnis der termingerechten Lieferung. Dies resultiert bei
186.000 verspäteten Lieferungen von 600.000 Lieferungen
jährlich. Da verspätete Sendungen in 80 Prozent der Fälle zu
Rücksendungen führen, führt dies zu einer Rücklaufquote
von 24,8 Prozent. Zal-Uno weiß nun, dass seine Rücklaufquote von insgesamt 25 Prozent hauptsächlich durch verspätete Lieferung bedingt ist. Die zusätzlichen Kosten von
2,25 Mio. Euro (eine Rücksendung kostet Zal-Uno 15 Euro)
sind daher mit 2,23 Mio. hauptsächlich durch Verspätung
bedingt. Zal-Uno sieht hierdurch die Dringlichkeit, seine Lieferzeiten drastisch zu senken, um den Kunden in Zukunft zufrieden zu stellen.

Dritte Phase: Analyze

In der „Measure"-Phase wurde der Prozess hinsichtlich seiner Qualität aus Kundensicht bewertet. Unter Berücksichtigung eines aus Kundensicht wichtigem Kriterium, beispielsweise der Lieferzeit, wurde der Prozess betrachtet. Ausgewertet wurde dabei, wie häufig bei einer bestimmten Anzahl an Wiederholungen des Prozesses der Kunde zufriedengestellt wurde, beziehungsweise wie häufig die Kundenerwartungen nicht getroffen wurden. Besonders letzteres gilt es bei einer relativen großen Häufigkeit zu verbessern, um zukünftig Unzufriedenheit seitens des Kunden zu vermeiden.

Wichtig ist jedoch die Fragestellung, warum das Kundenbedürfnis teilweise nicht erfüllt werden konnte. Beispielsweise bei einer zu langen Lieferzeit: was waren der Auslöser oder die Auslöser für die Verzögerung?

Um die Frage nach dem „Warum" dreht sich die „Analyze"-Phase. Warum haben wir nicht in allen Fällen die Kundenzufriedenheit erreicht? „Analyze" ist das englische Wort für analysieren. In der „Analyze"-Phase möchte man nun herausfinden, welche Auslöser und damit Fehlerquellen dazu führen, dass das Kundenbedürfnis teilweise nicht erfüllt werden kann. Dabei untersucht man folgende Aspekte:

- Wo treten Fehler auf?
- Zu welchen Zeitpunkten treten die Fehler auf?
- Wodurch werden Fehler verursacht?

- Welche Zusammenhänge und Beeinflussungen gibt es zwischen den Fehlern?

- Welche Verbesserungsmethoden sind zur Fehlerbeseitigung notwendig und geeignet?

- Welchen Nutzen hat der Kunde durch die Beseitigung erkannter Fehlerquellen?

- Welchen finanziellen Nutzen hat das Unternehmen durch die Beseitigung erkannter Fehlerquellen?

Um beantworten zu können, wo Fehler auftreten und zu welchen Zeitpunkten, muss man den Prozess in seinen einzelnen Teilschritten betrachten. Teilschritte sind hierbei einzelne Handlungen oder Vorgehensweisen, welche durch den Ablauf einer bestimmten Reihenfolge aufeinander aufbauen und das Ergebnis des Prozesses generieren. Diese Teilschritte können sowohl von unterschiedlichen Personen, Abteilungen, IT-Systeme oder gar Unternehmen durchgeführt werden. Dies verdeutlicht, dass die Betrachtung des Prozesses in Teilschritten sinnvoll ist, um den Ort der Fehlerquelle leichter ausfindig zu machen.

Häufig werden Prozesse in Form von Flussdiagrammen dargestellt. Diese zeigen die einzelnen Teilschritte inklusive Verantwortlichkeiten in grafischer Darstellung. Durch die visuelle Darstellung erhält man somit eine Art Landkarte, die einen Überblick über den Prozess verschafft. Am Anfang und Ende eines Prozesses steht dabei immer ein Ereignis. Das Ereignis zu Beginn dient ebenfalls aus Auslöser des Prozesses. Des Weiteren besteht er aus Teilschritten, die entweder eine Durchführung oder Überprüfung zum Inhalt haben. Um Fehlerquellen ausfindig zu machen, können nun die einzelnen Teilschritte betrachtet und analysiert werden. Sinnvoll ist es, dabei die Teilschritte nach ihrer Abfolge im Prozess zu betrachten, um Folgefehler zu erkennen. Ein Lieferprozess könnte beispielsweise wie folgt aussehen:

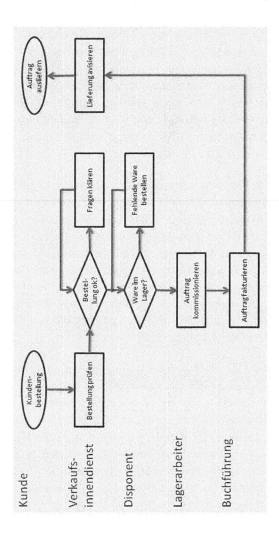

Abbildung 17: Parteien

Hier lassen sich bereits die verschiedenen involvierten Parteien erkennen. Der Kunde ist sowohl Auslöser des Prozesses als auch Empfänger der letztendlichen Prozessleistung. Bei der Durchführung des Prozesses sind neben dem Verkaufsinnendienst des Unternehmens außerdem noch der Disponent, die Lagerarbeiter und die Buchführung beteiligt. Während der Kunde eine externe Einflusskomponente ist, finden sonstige Teilschritte durch Beteiligung unternehmensinterner Organe statt.

Die einzelnen Prozessschritte können noch weiter detailliert werden. So verbergen sich hinter vielen Teilschritten natürlich unterschiedliche IT-Systeme, Maschinen oder Mitarbeiter. Wird bei einem Teilschritt ein Fehleraufkommen verzeichnet, so sollte bei diesem Teilschritt ein höherer Detaillierungsgrad angewandt werden, bis die detaillierte Ursache gefunden wurde. Hierzu hilft es zu untersuchen, welche Komponenten bei dem betrachteten Teilprozess zusammenspielen, um den Prozess durchzuführen. Diese Komponenten stellen folglich Einflussfaktoren da, die die korrekte Durchführung bestimmen.

Eine klassische Methode, um Einflussfaktoren zu identifizieren und darzustellen, ist das Ursache-Wirkungs-Diagramm. Dies betrachtet die Bereiche Mensch, Technik, Methode und das Management des Teilschrittes. In diesen vier Bereichen lassen sich bestimmte Kenngrößen definieren, die den Prozessfluss aktiv beeinflussen. Einflussfaktoren, welche sich wiederum auf diese Kenngrößen auswirken, werden ebenfalls identifiziert. Somit kann man die Detailtiefe weiter verschärfen und Fehleraufkommen an der „Wurzel" des Problems identifizieren.

Nimmt man beispielsweise die Kenngröße IT-System, werden weitere Einflussfaktoren wie technische Störungen erkenntlich. Diese stören den reibungslosen Ablauf des Prozesses und stellen somit eine Fehlerquelle dar. Durch das detaillierte Vorgehen können so Fehlerquellen entdeckt werden, die bei oberflächlicher Betrachtung nicht offensichtlich sind. Damit hat das Unternehmen das Wissen gewonnen, an welchen Punkten genau es ansetzen muss, um seine gesamte Prozessqualität steigern zu können.

Ergebnisse dieser Phase „Analyze" sind:

- Kenntnis darüber, wo Fehler auftreten, Schwachstellen identifiziert werden,

- Kenntnis darüber, durch welche Faktoren Fehler verursacht werden.

Praxisbeispiel Zal-Uno Phase: „Analyze"

Zal-Uno weiß nun, inwieweit es aktuell das Kundenbedürfnis einer termingerechten Lieferung erfüllt. In 31 Prozent der Fälle liefert man zu spät und erfüllt so die Kundenbedürfnisse nicht. Diese Erkenntnis resultiert natürlich in der Fragestellung, wodurch diese Verzögerungen verursacht werden. Wo liegt oder wo liegen die Fehler? Dazu sieht sich Zal-Uno seinen Bestell- und Lieferprozess in seinen Teilschritten genauer an. Dieser wird in einem Flussdiagramm wie folgt dargestellt. Betrachtet werden hierbei die folgenden Einflussgrößen: Mensch, Technik, Maschine und Management. Rot markiert sind die Hauptursachen für die verzögerte Durchlaufzeit im Bestellprozess. Dies sind 1. Eingabefehler bei der Übertragung der über das Netz eingegangenen Bestellungen in das Warenhaltungssystem von Zal-Uno. Momentan besteht keine Schnittstelle zwischen den über das Netz generierten Bestellungen zu den Bestandshaltungssystemen der Warenwirtschaft von Zal-Uno. Bei der manuellen Datenübertragung erfolgen oft Fehler. Dies hat auch damit zu tun, dass keine Überprüfung der manuellen Datenübertragung stattfindet. Ein entsprechendes Bestellsystem, das direkt mit der Warenhaltungssystemen von Zal-Uni verknüpft wäre, würde weiterhelfen. Zudem ist es so, dass eingegangene Bestellungen oft mehr als zwei Tage, nachdem sie aus dem Lager geholt wurden, liegen, bis sie verpackt wurden, da es im Zentrallager nur eine Verpackungsmaschine gibt.

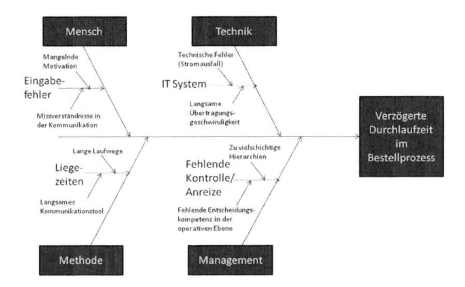

Vierte Phase: Improve

„Improve" ist das englische Wort für verbessern oder optimieren. Während alle vorangegangenen Phasen des DMAIC-Zyklus ihren Analysefokus in der Vergangenheit und der Gegenwart haben, gilt es in dieser Phase, nun an die Zukunft zu denken: Wie sollte der Prozess verbessert werden; wie kann man künftig alle bestehenden Fehler vermeiden?

Somit befasst sich die „Improve"-Phase damit, Lösungen zu finden, die die Prozessleistung in Zukunft verbessern. Dabei werden unterschiedliche Maßnahmen definiert. Um die passenden Maßnahmen zu identifizieren, werden sie nach folgenden Gesichtspunkten bewertet:

- Welche Art von Maßnahmen kann den Prozess verbessern?
- Welche Maßnahmen sind praktikabel, profitabel und umsetzbar?
- Welche Verbesserung kann von bestimmten Maßnahmen erwartet werden?

Nachdem in der „Analyze"-Phase die einzelnen Fehlerquellen klar ausfindig gemacht wurden, werden die Maßnahmen dahingehend formuliert, dass sie am Kern der jeweiligen Fehlerquelle ansetzen und eine nachhaltige Verbesserung erzielen. Es sollten folglich maßgeschneiderte Ansätze gefunden werden, die die tatsächliche Ursache des Fehlers effizient beseitigen.

Um Maßnahmen zu entwickeln, hat es sich als sinnvoll erwiesen, **kreative Methoden** wie beispielsweise Brainstorming einzusetzen. Dabei sammelt das Team ungefilterte Lösungsideen. Diese werden anschließend nach verschiedenen Gesichtspunkten bewertet: Aufwand, Kosten, Komplexität, Wirkungsweise, Nachhaltigkeit etc. Je nachdem, inwieweit Ideen entsprechende Rahmenbedingungen und Anforderungen erfüllen, werden sie entweder ausgeschlossen oder weiter konkretisiert und zu Lösungsmaßnahmen ausgearbeitet.

Neben kreativen Methoden werden auch **quantitative Methoden** angewendet. Besonders wenn es um die Produktqualität selbst geht, helfen zum Beispiel die Zielkostenrechnung oder eine Lebensdaueranalyse des Produktes bei der Ermittlung von Lösungsansätzen.

Die **Zielkostenrechnung** fokussiert sich dabei auf die finanzielle Komponente aus Sicht des Kunden: was darf das Produkt kosten? Ist eine Verbesserung am Produkt selbst sehr kostspielig, kann sich dies auf den Preis auswirken und somit zu Unzufriedenheit des Kunden führen. Die Zielkostenrechnung bietet einen finanziellen Rahmen für die Lösungsansätze des Verbesserungsprojekts. Bei der Ermittlung des Lösungsansatzes werden demnach auch die Kosten zur Umsetzung und der potenzielle zusätzliche Ertrag berücksichtigt.

Die **Lebensdaueranalyse** zeigt die Qualität des Produkts im Zeitverlauf: Wie lange kann ein Produkt ohne den Austausch von Kernkomponenten effektiv genutzt werden? Dabei gilt: Je länger die Lebensdauer, desto besser wird das Produkt vom Kunden bewertet. Ein Mobiltelefon, das viele Jahre funktionstüchtig bleibt, erspart dem Kunden Reparatur- oder Neuanschaffungskosten über einen längeren Zeitraum hinweg. Somit präferiert der Kunde Produkte mit langer Lebensdauer, um unnötige Kosten und Unannehmlichkeiten zu vermeiden. Um dies zu gewährleisten, gilt es einen hohen technischen Standard zu erfüllen. Auf Basis dieser Analyse lassen sich dementsprechende technische Lösungsansätze entwickeln.

Eine **weitere Möglichkeit**, Maßnahmen zu entwickeln, ist das **Benchmarking**. Hierbei betrachtet man den zu verbessernden Prozess und vergleicht ihn mit dem optimalen Prozess des besten Konkurrenten aus der gleichen Branche.[4] Dies ist jedoch nur möglich, soweit aktuelle Daten über den Konkurrenten und dessen Prozess zugänglich sind. So ist es in manchen Branchen durchaus üblich, dass sich Wettbewerber in Expertenpanels zusammenschließen, in denen sie gegenseitig Benchmark-Informationen austauschen. Ziel ist hierbei, gemeinsam voneinander zu lernen und besser zu werden.

Werden die unterschiedlichen Methoden durchlaufen, erhält man ein Portfolio an möglichen Lösungsmaßnahmen. Man sollte nicht zu viele Methoden parallel anwenden, jedoch um sich für die effizienteste Maßnahme zu entscheiden, ist es sinnvoll, diese nochmal unter wichtigen Gesichtspunkten zu betrachten und zu bewerten. So können dann die besten Maßnahmen ausgewählt werden und sich auf wenige optimale Maßnahmen fokussiert werden. Hierbei ist es hilfreich, sich auf die Zielsetzung des Projektes zu berufen. Die bereits konkretisierten Kundenbedürfnisse aus der „Define"-Phase helfen die Maßnahmen zu bewerten. Eine Maßnahme gilt hier nicht nur dahingehend als effizient, indem sie umsetzbar, kostenoptimiert und nachhaltig ist. Sie sollte den Prozess auch in die Richtung des Kundenbedürfnisses optimieren.

Hierbei kann es sinnvoll sein, **eine Maßnahme** unter folgenden Perspektiven zu **bewerten** (Abb. 18):

---

[4] Vgl. Six Sigma – Methoden und Statistik für die Praxis, Helge Toutenburg Philipp Knöfel, 2. Auflage 2011, Seite 216

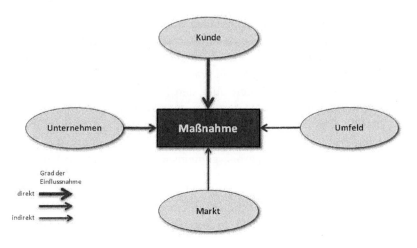

Abbildung 18: Perspektiven

▓ Kunde: Wird die Erfüllung des Kundenbedürfnisses mit der Maßnahme indirekt oder direkt gesteigert?

▓ Unternehmen: Ist die Maßnahme insbesondere auch finanziell umsetzbar, kontrollierbar, kostengünstig, nachhaltig?

▓ Umfeld: Gilt es bestehende und neue gesetzliche Vorgaben zu beachten?

▓ Markt: Kann durch Umsetzung der Maßnahme das Unternehmen gegenüber der Konkurrenz besser positioniert werden?

Bei den oben aufgezählten Betrachtungsperspektiven gilt es von oben nach unten eine absteigende Priorität zu berücksichtigen. Das **Bedürfnis des Kunden** ist in der Six Sigma-Methode nach wie vor der wichtigste Gesichtspunkt, wenn es um die Verbesserung des Prozesses geht. Schauen wir uns die einzelnen Kriterien im Detail an.

Ein **Unternehmen** hat natürlich neben der Erfüllung des Kundenbedürfnisses weitere Ziele, welches es bei der Bewertung der Maßnahmen berücksichtigen muss. Besonders aus der finanziellen Perspektive heraus sollte die Maßnahme hinsichtlich ihrer Wirtschaftlichkeit bewertet werden. Man sollte sich die Frage stellen: Macht die Optimierung beziehungsweise Maßnahme wirtschaftlich unter Berücksichtigung aller Kosten zur Umsetzung und im anschließenden operativen Prozess Sinn?

Zwei Steuerungsgrößen werden hier betrachtet: die bereits erwähnten Kosten und der Umsatz. Eine Maßnahme ist dann wirtschaftlich, wenn sie entweder die Kosten senkt (beispielsweise durch verbesserten Einsatz von Personal und damit der Einsparung von Personalkosten) oder den Umsatz steigert (beispielsweise durch kürzere Lieferzeiten und damit größerer Beliebtheit bei Kunden, welcher folglich größere Mengen des Produktes bzw. der Services abnimmt). Dabei kann eine Maßnahme im optimalen Falle auch die Senkung der Kosten und die Steigerung des Umsatzes erzielen. Eine geeignete Methode, um eine Maßnahme unter diesen Gesichtspunkten zu bewerten, ist eine Wirtschaftlichkeitsanalyse. Hierbei werden die einmaligen Kosten zur Umsetzung der Maßnahme berücksichtigt und anschließend ihrer finanziellen Auswirkung gegenübergestellt.

Diese Auswirkungen können sowohl Kosteneinsparung als auch Umsatzsteigerungen sein. Hierdurch wird ersichtlich, welchen Zeitraum die Amortisierung der Umsetzungskosten in Anspruch nimmt. Je kürzer diese Zeitspanne, desto besser: Nach Amortisierung der Kosten kann das Unternehmen aus finanzieller Sicht in vollem Ausmaß von der Maßnahme profitieren.

Das **Umfeld** sollte bei Produkten und Prozessen betrachtet werden, welche sich insbesondere gesetzlichen Anforderungen gegenübersehen. Gilt es hier bestimmte Rahmenbedingungen einzuhalten, beispielsweise Normgrößen bei der Versendung von Paketen, sollte eine Maßnahme nicht gegen diese verstoßen. Dies könnte sonst zu zusätzlichen Kosten führen, wenn beispielsweise Strafgebühren oder eine erneute Durchführung der angepassten Maßnahme geleistet werden müssen.

Der **Markt** gibt dem Unternehmen eine Hilfe zur Positionierung seines eigenen Leistungsportfolios. Optimale Maßnahmen helfen dem Unternehmen dabei, sich positiv gegen die Konkurrenz abzugrenzen, indem es zum Beispiel Produkte schneller ausliefert als vergleichbare Marktteilnehmer. Indem das Unternehmen eine bessere Leistung gegenüber der Konkurrenz anbietet, erzeugt es eine positive Wahrnehmung beim Kunden und kann damit von diesem priorisiert werden. Dies wiederum hätte eine Umsatzsteigerung für das betreffende Unternehmen zur Folge, welches ein positives Resultat der Maßnahme wäre.

Ist eine Maßnahme aus allen diesen Perspektiven heraus beleuchtet worden, kann sie dann unter den verschiedenen Aspekten bewertet werden. Die Maßnahmen mit der besten Bewertung werden zu einem Lösungsansatz gebündelt, auf Basis dessen ein Soll-Prozess formuliert wird. Der Soll-Prozess stellt den auf Basis der Maßnahmen optimierten Ist-Prozess dar. Dabei wird sich am Aufbau des Ist-Prozesses orientiert. Die ermittelten Maßnahmen werden anschließend als neue Methoden in den Teilschritten des Prozesses dargestellt.

Ob eine Maßnahme auch praktisch umsetzbar ist, zeigt ein **Test auf Praxistauglichkeit**. Dies ermöglicht, dass die Maßnahme nochmals verfeinert oder korrigiert werden kann. Dazu eignen sich Modelle und Simulationen. Modelle visualisieren Prozesse und bieten dem Betrachter somit eine optische Basis zum Verständnis des Ablaufs und der Zusammenhänge des Prozesses. Simulationen können Hindernisse zur Umsetzung der Maßnahme aufzeigen, die das Risiko bergen, den zukünftigen Prozessablauf zu stören. Sie bieten folglich die Möglichkeit, die Funktionsfähigkeit der Maßnahme im Prozess abzuschätzen.

Letztendlich sollte die Maßnahme folgende Wirkungen erreichen:

- **Qualitätsverbesserung** durch einen optimierten Prozessablauf, beispielsweise kürzere Durchlaufzeiten, Vermeiden von Liegezeiten,

- **Kostenreduzierung/-vermeidung** durch effizientere Abläufe, Vermeidung von Overstaffing etc. oder durch Fehlerreduktion: Kosten von Reklamationen und Reparaturen durch verbesserte Prozesse/Produkte reduzieren,

- **Umsatzsteigerung** durch das Gewinnen neuer Kunden infolge neuer oder verbesserter Produkte/Services.

Alle Maßnahmen, die diese Kriterien erfüllen oder hierfür notwendig sind, stellen die Lösung zur Prozessoptimierung dar. Denn diese Lösung führt bei Umsetzung letztendlich zu einer insgesamt gestiegenen Qualität des Prozesses und damit zu einem höheren Sigma Niveau: im besten Falle einem Six Sigma Niveau. Damit kann das Ziel, die Kundenbedürfnisse optimal zu erfüllen, erreicht werden.

Ergebnis dieser Phase „Improve" ist:

Ein Bündel an Maßnahmen, welche zu einem Lösungsansatz führen, der Fehlerquellen des Prozesses im Kern beseitigt und nachhaltig sowohl eine Steigerung der Wirtschaftlichkeit des Prozesses als auch eine erhöhte Kundenzufriedenheit durch Bereitstellung eines optimierten Prozessoutputs erzielt.

Praxisbeispiel: Phase „Improve"

Bei Zal-Uno wurde, nachdem die vier folgenden Ursachen im Rahmen der „Analyze"-Phase erkannt wurden:

- Eingabefehler,

- IT-System,

- fehlende Kontrolle und Anreiz,

- Liegezeiten,

die folgenden beiden Maßnahmen für eine Verbesserung erarbeitet:

- Einführung eines neuen IT-Systems, das über eine direkte Schnittstelle zwischen Bestelleingang und Warenhaltungssystem von Zal-Uno verfügt.

- Anschaffung von zwei zusätzlichen Verpackungsmaschinen, um sicherzustellen, dass Waren nicht mehr zu lange im Lager liegen bleiben und schnell verschickt werden können.

Es wurde ermittelt, dass die Einführung des neuen IT-Systems zwar einmalig und auch fortlaufend Kosten verursacht, hierdurch aber die Arbeit von 6 Mitarbeitern, die die Datenübertragung bislang vornehmen, eingespart werden kann. Die Kosten für das neue System rechnen sich so schon bereits nach zwei Jahren nach dessen Einführung. Die beiden Verpackungsmaschinen waren sowieso schon eingeplant, um das künftige Wachstum von Zal-Uno sicherzustellen. Insofern wurde die Anschaffung der Maschinen einfach zeitlich vorgezogen, um die Lieferzeit zu verkürzen.

Fünfte Phase: Control

„Control" ist das englische Wort für Kontrolle. Diese Kontrolle bezieht sich auf die nachhaltige Umsetzung des entwickelten Lösungsansatzes aus der „Improve"-Phase. Um die Lösung effizient umzusetzen und zu vermeiden, dass sich nach einer gewissen Zeit alte Gewohnheiten und Handlungsweisen erneut einschleichen, wird dabei Folgendes festgelegt beziehungsweise die folgende Frage beantwortet:

▪ Auf welche Art und Weise wird die Lösung umgesetzt und begleitet?

Um eine Lösung effizient umzusetzen, ist es sinnvoll, Verantwortlichkeiten der konkreten Maßnahmen und deren Durchführung festzulegen. Beispielsweise kann eine Maßnahme vorgeben, dass ein bestehendes Verfahren nach einem neuen Schema durchzuführen ist. Das neue Schema sollte schriftlich festgehalten werden. Dieses Dokument kann auch als Implementierungsplan gesehen werden: Es gibt eine eindeutige Anleitung für auszuführende Tätigkeiten und Prozessschritte vor. Eine Anleitung bedeutet hier eine detaillierte Tätigkeitsbeschreibung der Prozessschritte unter den Aspekten, wie, wann und unter Zuhilfenahme welcher Ressourcen der Prozessschritt durchzuführen ist. Somit wird ein Dokument geschaffen, auf das sich Entwickler der Maßnahmen und Beteiligte der Umsetzung dieser Maßnahmen berufen können. Im Fall von Unstimmigkeiten oder Abweichungen in der Umsetzung hat man so die Möglichkeit, diese konkret aufzuzeigen, zu kommunizieren und den Prozess zu steuern.

Auch praktische Aspekte wie zum Beispiel Meilensteine, Trainings- und Kommunikationsmaßnahmen, Budget etc. werden im Implementierungsplan festgehalten.

Des Weiteren ist es wichtig, die Umsetzung des Schemas demjenigen, der die Verantwortung zur Umsetzung trägt, klar darzulegen. Der Verantwortliche muss den neuen Prozess verstehen, um ihn wiederum an die am Prozess beteiligten Mitarbeiter kommunizieren zu können. Sind die am Prozess beteiligten Mitarbeiter hinsichtlich des neuen Verfahrens geschult, gilt es die Umsetzung zu überwachen und kontinuierlich zu kontrollieren. Nur so kann gewährleistet werden, dass eine Maßnahme zur Prozessverbesserung nachhaltige positive Effekte erzielt und keine alten Handlungsweisen erneut Einzug halten.

Jedoch nicht nur das verbesserte Niveau des Prozesses kann damit gehalten werden – es können auch weitere Verbesserungenpotenziale durch Einbezug und Kommunikation mit den Prozessbeteiligten aufgezeigt werden.

- Auf welche Art und Weise wird die Nachhaltigkeit der Lösung und somit die Leistungsfähigkeit des Prozesses langfristig sichergestellt?

Hierbei hilft es, den Prozess fortlaufend zu dokumentieren, um seine Fortschritte aufzuzeigen als auch Verzögerungen und Komplikationen zu erfassen. Der Prozess wird außerdem nach einer bestimmten Zeit erneut gemessen, um aufzuzeigen, in welchem Ausmaß die erwünschten Verbesserungen eingetreten sind. Hierbei kann auch eine erneute Befragung der Kunden erfolgen, um die veränderte Außenwirkung des Unternehmens zu untersuchen.

- Für das Projektteam kann eine Evaluation des Projektes Potentiale und Handlungsempfehlungen für zukünftige Projekte aufzeigen.

Praxisbeispiel Phase „Control": Im Rahmen der „Improve"-Phase wurden zwei Maßnahmen definiert, die dafür sorgen sollen, dass die Zeit vom Eingang der Bestellung bis zur Auslieferung verringert werden soll. Die beiden Maßnahmen wurden in zwei Projekte überführt. Projekt 1: Einführung des IT-Systems „Delivery Go" und das Projekt 2: „Optimierung Verpackung". Für beide Projekte wurden entsprechende Projektpläne erstellt. Aus diesen ist genau ablesbar, welche Aktivitäten bis wann umgesetzt werden sollen. Zudem wurden jeweils Projektleiter mit entsprechenden Projektteams benannt, welche die Projektarbeit aufnehmen. Für die Umsetzung der Projekte wurde ein entsprechendes Projektcontrolling aufgesetzt. In regelmäßigen Abständen wird das Management von Zal-Uno über den aktuellen Umsetzungsstand informiert. Hierfür wurde ein entsprechendes Status-Reporting aufgesetzt, welches in wöchentlichem Rhythmus an das Management geschickt wird. Hier sehen Sie, wie ein solches Reporting-Sheet aussieht.

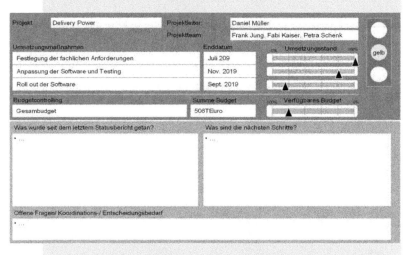

Sobald es Abweichungen oder Verzögerungen vom Projektplan gibt, hat das Management so die Möglichkeit steuernd einzugreifen. Nach insgesamt 12 Monaten sind beide Projekte umgesetzt. Das IT-System ist eingeführt und die beiden Verpackungsmaschinen sind in Betrieb. Nun gilt es für Zal-Uno, den Projekterfolg zu messen. Es werden erneut die Durchlaufzeit gemessen und die Kunden befragt, wie sich ihre Zufriedenheit entwickelt hat. Das Ergebnis zeigt: Die Lieferzeit hat sich drastisch auf durchschnittlich 1,8 Tage reduziert. Auch die Kundenzufriedenheit ist hierdurch gestiegen, und auch der Umsatz von Zal-Uno ist nun wieder gestiegen. Alle Maßnahmen scheinen von Erfolg gekrönt zu sein. Ein durchweg erfolgreiches Six-Sigma Projekt.

3 Six Sigma in der betrieblichen Praxis

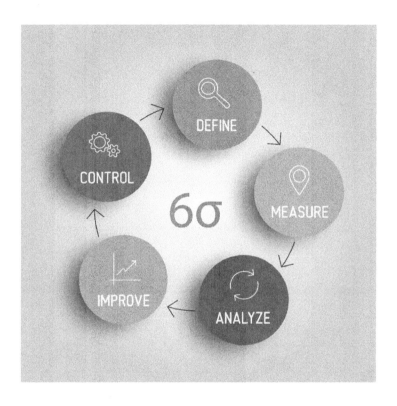

3.1 Variationen des DMAIC-Zyklus

Im Kapitel 2 dieses Buchs haben Sie den DMAIC-Zyklus kennenge-
lernt. Dieser ist in seiner Reinform „Six Sigma". So wie wir ihn
vorgestellt haben, wird er häufig in seiner Grundstruktur angewandt. Verschiedene Branchen und Unternehmen haben jedoch
unterschiedliche Anforderungen, was zu Variationen des DMAIC-
Zyklus geführt hat. Die Gründe für die jeweilige Anpassung des
Zyklus sind unterschiedlich. Wir wollen hier in der folgenden
Übersicht einen Überblick geben, darüber welche Abwandlungen
in der Praxis anzutreffen sind.

Es bestehen unter anderen folgenden Abwandlungen:

Projektzyklus	steht für ...	wird verwendet für ...
DMAIC	D - Define M - Measure A - Analyze I - Identify C - Control	Kernprozess der Six Sigma Methode zur Verbesserung bestehender Prozesse
DCCDI	D - Define C - Customer C - Concept D - Design I - Implementation	von Geoff Tennant Eigene Phase für Kun- denanalyse
IDOV	I - Identify D - Design O - Optimize V - Validate	Anwendung speziell in der Produktion Komprimierung auf 4 Phasen
DMEDI	D - Define M - Measure E - Explore D - Develop I - Implement	Entworfen von PWC Phasen ähnlich dem Kernprozess
DICOV	D - Define I - Identify C - Characterize O - Optimize V - Validate	Prozess für Einführung noch nicht bestehender Prozesse

Abbildung 19: Varianten

3.2   Welche Zertifizierungen gibt es für Six Sigma?

Der Markt der Ausbildung zu Six Sigma – und damit verbunden das Prüfungs- und Zertifizierungssystem – haben sich in den letzten Jahren stark professionalisiert. Das Six Sigma Konzept aus führungspsychologischer Perspektive beantwortet konkret:

▨ Wer arbeitet hier auf welche Art und Weise mit wem zusammen, um die gewünschte Verbesserung auf das Six Sigma Niveau anzuheben?

▨ Wer trägt welche Verantwortung und in welchem Ausmaß?

Zur Durchführung von Six Sigma Projekten hat das Konzept ein konkretes Rollensystem entwickelt. Das bedeutet, dass es in Six Sigma Projekten eine klare Rollenverteilung gibt und dass auch die Zertifizierungsstufen eindeutig geregelt sind.

Da es sich bei Six Sigma Projekten häufig um strategische Projekte handelt, ist in der herkömmlichen Rollenverteilung der **„Deployment-Champion"** ein **Mitglied der Unternehmensleitung**. Diese Rolle ist damit betraut, neue Projekte zu identifizieren und zu verantworten. Zudem überwacht sie die Durchführung und das Ergebnis des Six Sigma Projekts. Durch seine Management-Funktion einer Organisationseinheit (Abteilung etc.) unterstützt der Deployment-Champion außerdem die Leiter und Ausführenden des Projekts.

Als **„Projekt-Champion"** wird in der Regel ein Mitarbeiter des mittleren Managements gewählt. Als **Auftraggeber** der Six-Sigma-Projekte ist er häufig auch der Prozesseigner des zu verbessernden Prozesses.

Für weitere, den Champions untergeordnete Teamrollen orientiert sich das Six-Sigma-Konzept in seinen Rollendefinitionen an den Rangzeichen japanischer Kampfsportarten: unterschiedliche Gürtelfarben. Ursprünglich gab es bei Six Sigma drei Kategorien: den **Green Belt,** den **Black Belt** und den **Master Black Belt**.

Dadurch werden die einzelnen Stufen des Expertenwissens in verschiedene Niveaus eingegliedert.

Es verhält sich bezüglich der Rangfolge genauso wie in den Kampfsportarten: Mit der Gürtelfarbe aufsteigend von grün nach schwarz steigt das Kompetenzniveau des betreffenden Projektmitglieds. Dementsprechend gehen ein höherer Grad an Verantwortung als auch ein größerer Umfang des zu verantwortenden Projekts einher. Diese Stufen bauen auch aufeinander auf.

Inzwischen haben manche Unternehmen die Kategorien vereinzelt weiterentwickelt und spezifiziert. So findet man nun auch Stufen unterhalb des Green Belts in Form des **White** und **Yellow Belt**.

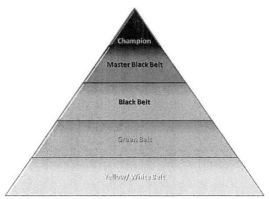

Abbildung 20: Zertifizierungsstufen

Der Inhaber eines **White** oder **Yellow Belt** nimmt in der Regel eine **unterstützende Funktion** ein. Mitarbeiter, welche als **Teammitglieder** eingesetzt werden, sind die Zielgruppe dieser Zertifizierung. Um diese zu erwerben, lernen die Interessenten die praktische Anwendung des Six Sigma Konzeptes kennen. Dabei werden Umsetzung, Vision des Konzepts und technische Kompetenzen wie z.B. die Anwendung verschiedener Werkzeuge und Methoden der Six Sigma Projekte vermittelt. Mitarbeiter eines White oder Yellow Belt übernehmen nur im Rahmen ihrer zugeteilten Aufgaben Verantwortung im Projekt.

Der Inhaber eines **Green Belt** ist der Mitarbeiter mit der Praxisanwendung von Six Sigma vertraut und beherrscht die wichtigsten Methoden und Instrumente. Der Unterschied zum White oder Yellow Belt besteht darin, dass der Mitarbeiter bereits in der Lage ist, in seinem Zuständigkeitsbereich, sprich seiner Abteilung etc., **kleinere Six Sigma Projekte durchzuführen** und für diese **Verantwortung zu tragen**. Dabei wird der Mitarbeiter nicht vollständig vom Tagesgeschäft freigestellt, sondern unterstützt das Projekt oder die Projekte auf „Teilzeitbasis". Er kann ebenfalls als Teammitglied größerer Six Sigma Projekte fungieren.

Der Inhaber eines **Black Belt** ist **Projektleiter** der Six Sigma Projekte eines Unternehmens. Dabei wird er von seinem Team unterstützt. Black Belts verfügen über ein umfangreiches, methodisches und statistisches Wissen im Rahmen der Six Sigma Methode. In der Regel werden sie hierzu vom Tagesgeschäft freigestellt. Die Black Belts berichten dabei an die Leiter der Zuständigkeitsbereiche (Abteilungen etc.), den Six Sigma Champions.

Der Inhaber eines **Master Black Belt** stellen Six Sigma **Experten** in einem Unternehmen dar. Meistens handelt es sich um Black Belts, die zwei oder mehrere Jahre Six Sigma Projekte geleitet und betreut haben. Ihre Funktion besteht nun darin, Black Belts zu trainieren und zu zertifizieren sowie sie während der Projektarbeit zu unterstützen. Des Weiteren unterstützen sie die Champions bei der Identifizierung und Definition von Six Sigma Projekten. Sie beschäftigen sich also weniger mit der praktischen Durchführung, sondern beleuchten Projekte aus der **strategischen Perspektive** des Unternehmens.

Inzwischen gibt es im Rahmen von Six Sigma eigens dafür entwickelte Ausbildungsprogramme und Zertifizierungs-Workshops. Diese werden zum Teil von Organisationen und Institutionen als auch unternehmensintern angeboten. Beratungsfirmen, die sich auf Six Sigma spezialisiert haben, bieten ebenfalls externe Unterstützung an.

Zu der ursprünglichen statistischen Messzahl und dem dazu entwickelten Management-Konzept zählt demnach ebenfalls ein Ausbildungsprogramm. Six Sigma deckt also nicht nur die Messung von Qualität und das Management von Verbesserungsprojekten ab, sondern bietet auch ein umfassendes Programm zur gezielten Schulung des dafür benötigten Personals.

3.3   Checkliste für erfolgreiche Six Sigma Projekte

Was ist wichtig, wenn man ein Six Sigma Projekt umsetzt beziehungsweise einführt? Im Folgenden haben wir eine Checkliste erstellt, anhand derer Sie schnell überprüfen können, wie „reif" Sie für Six Sigma sind. Wir haben diese Checkliste wie folgt strukturiert:

- **Eignung**: Ist Six Sigma die geeignete Methode, um das vorliegende Thema oder Problem zu lösen?

- **Priorisierung**: Wie kann eine Priorisierung durchgeführt werden?

- **Grundlagen**: Welche Grundlagen müssen für ein erfolgreiches Projekt geschaffen werden?

- **Zeit und Ressourcen:** Welche zeitlichen Restriktionen und Ressourcen müssen berücksichtigt werden?

  [1] **Eignung von Six Sigma:** Welchen Problemen sehen wir uns in unserem Unternehmen gegenüber?

  Ist es sinnvoll, diese Probleme mit der Six Sigma Methode anzugehen?

  Indikatoren hierfür:

  - Der Kunde ist in der Leistungserbringung involviert

  - Der Prozess hat unmittelbare Wirkung auf die vom Kunden wahrgenommene Qualität

- Die Prozessleistung wurde bisher nur durchschnittlich betrachtet
- Die Konkurrenz bietet eine höhere Qualität an
- Prozess mit verfügbaren Messgrößen
- Probleme, welche nur im Team gelöst werden können
- Problemlösung unbekannt

Typische Zielsetzung:

- weniger Defekte
- Verbesserung der Produktivität
- geringere Verluste
- kürzere Durchlaufzeiten
- konstante Messungen
- verbesserte Prozessfähigkeit
- erhöhte Kundenzufriedenheit

[2] **Welche Priorität** ist dem Problem und seiner Beseitigung zuzuordnen?

Indikatoren für eine hohe Priorität:

- Der Kunde hat bereits (häufiger) reklamiert
- Der Kunde ist zur Konkurrenz abgewandert
- hohe Zusatzaufwände durch zum Beispiel Rückläufe oder Reparaturen
- Ressourcenverschwendung in der Prozessgestaltung (Liegezeiten, Overstaffing)
- Beschwerden innerhalb des Unternehmens seitens der Mitarbeiter oder interner Kunden über Prozessabläufe

[3] **Welche Grundlagen** müssen für die erfolgreiche Durchführung geschaffen werden?

- klares Verständnis für das zu Grunde liegende Problem

- Personal mit notwendigen Fachkenntnissen über die Methodik, Durchführung und Werkzeuge des Six Sigma Konzepts; externes Personal ggf. notwendig

- Personal mit detaillierten Wissen und Verständnis über den Ablauf und Aufbau des zu verbessernden Prozess

- Mitarbeitermotivation zur gemeinsamen Verbesserung der Prozessleistung

- gute und kontinuierliche Kommunikation zwischen Management und operativer Ebene mit stringenter Zielsetzung vor Durchführung des Projekts

[4] **Welchen zeitlichen Rahmen** und welche **Ressourcen** sollte das Projekt in Anspruch nehmen?

- Laufzeit

- Meilensteine

- Projektleitung

- Teammitglieder

- Kosten

Glossar

Ablauforganisation

Die Ablauforganisation (Prozessstrukturierung) ist neben der Aufbauorganisation (Potenzialstrukturierung) ein Teilgebiet der Organisationslehre. Sie umfasst alle Regeln, Modelle, Instrumente und Prinzipien zur raumzeitlichen Strukturierung von Produktions- und Informationsprozessen und dient der Lösung von Reihenfolge-, Gruppierungs- und Transportproblemen. Als Instrumente können eingesetzt werden: Arbeitspläne und Ablaufkarten, Reihenfolgematrizen, Balken- und Gantt-Diagramme, Entscheidungsmodelle, Netzplantechniken, Simulationsmodelle, Heuristiken, Prioritätsregeln und Steuerungsmodule des Supply Chain Execution Systems (SCES).

Abweichungsanalyse

Analyse der Ursachen der Abweichung der IST-Werte von SOLL-Werten, von vorgegebenen Zielen, von nicht erfüllten Anforderungen. Die Abweichungsanalyse ist zusammen mit der Analyse der Auswirkungen von Abweichungen eines der Kerngebiete jeder Controlling-Tätigkeit.

Achsensymmetrie

Achsensymmetrie ist die Eigenschaft eines Graphen in der Geometrie. Achsensymmetrie liegt vor, wenn der Graph durch die senkrechte Achsenspiegelung an seiner Symmetrieachse auf sich selbst abgebildet werden kann.

Benchmarking

Hierbei handelt es sich um ein Verfahren, bei dem Prozesse und Leistungen einer Organisation kontinuierlich mit Leistungen und Prozessen von anderen verglichen werden. Das Ziel des Benchmarkings ist es, herauszufinden, welche Kompetenzen zu welchem Grad in einer Branche vorhanden sind. Man kann zwischen drei Arten von Benchmarking unterscheiden: Dem Vergleich mit direkten Konkurrenten, dem Vergleich mit Organisationen aus derselben Branche und dem Vergleich mit einer best in class-Organisation aus anderen Branchen, welche herausragende Leistungen in einem bestimmten Prozess erbringen.

Break-even-Analyse

Unter Break-even-Analysen (Break-even-Chart, Break-even-Diagramm, Profitgraph) sind Prognosemodelle (Prognoseverfahren) zu verstehen, die den Zweck verfolgen, für verschiedene Zielfunktionen (Entscheidungstheorie) unter bestimmten Bedingungen kritische Schwellenwerte (Breakeven-Points) zu berechnen (zu prognostizieren).

Budgetierung

Hierbei handelt es sich um Planung, Koordinierung und Kontrolle von Wertansätzen, i.d.R. in Form von Ausgaben oder Kosten.

Change Management

Man kann vier Perspektiven des Change Managements unterscheiden, wozu jeweils eine Organisationsanalyse und separate Gestaltungsempfehlungen gehören. Die vier Arten des Change Managements sind: der Organisatorische Wandel bzw. der strukturelle Wandel, der verhaltenswissenschaftliche Change Management-Ansatz, der politisch-konfliktorientierte Change Management-Ansatz und der symbolisch-kulturelle Change Management-Ansatz.

Cost Driver

Cost Driver (Kosteneinflussgrößen) sind sowohl Messgrößen für die Inanspruchnahme von Ressourcen als auch für den Output. Der auch verwendete Begriff „Kostenantriebskraft" soll betonen, dass die Anzahl der zur Leistungserstellung notwendigen Prozesse das Volumen der Kosten antreibt.

CTQ – Critical to Quality

CTQ ist ein Akronym und steht für die Abkürzung von Critical to Quality. Sie bezeichnet die qualitätskritischen Merkmale eines Produkts oder eines Prozesses.

Durchlaufzeit

Die Durchlaufzeit ist die Zeit, die ein Produkt beziehungsweise eine Dienstleistung zum Durchlaufen eines Prozesses benötigt.

Effektivität

Effektivität soll ausdrücken, dass ein Prozess den richtigen Output zur richtigen Zeit am richtigen Ort zum richtigen Preis liefert. Maßstab für die Effektivität eines Prozesses sind die Erwartungen der Kunden.

Effizienz

Effizienz soll das ökonomische Prinzip in den Ausprägungen des Maximal- und Minimalprinzips zum Ausdruck bringen: maximales Leistungsniveau bei konstantem Verbrauch von Ressourcen wie Material, Raum, Arbeitszeit und Maschinen oder Minimierung des Ressourcenverbrauchs.

Endkunde

Endkunde ist der letzte Käufer beziehungsweise Verwender eines Produktes oder einer Dienstleistung.

Entscheidung

Eine Entscheidung ist die an den Zielen ausgerichtete Auswahl derjenigen Handlungsmöglichkeit, die realisiert werden soll, um einen Ausgangszustand in einen angestrebten Endzustand zu überführen.

Erwartungswert

Der Erwartungswert ist ein Grundbegriff aus der Stochastik. Der Erwartungswert einer Zufallsvariable beschreibt die Zahl, die die Zufallsvariable im Mittel annimmt.

Fehlerkosten

Fehlerkosten sind Kosten im Unternehmen, die durch Fehlproduktion und deren Auswirkungen verursacht werden.

Fehlerquote

Fehlerquotient ist im Qualitätsmanagement der relative Anteil von fehlerhaften Elementen im Verhältnis zur Gesamtheit, also die relative Häufigkeit, mit der ein Fehler bei einem Produkt, einer Dienstleistung, einem Produktionsprozess oder der Arbeitsqualität auftaucht.

Gap-Analyse

Eine Lücke (engl.: gap) ist die Differenz zwischen der gewünschten langfristigen Entwicklung eines Unternehmens, also der Zielprojektion, und der Status-quo-Projektion (erwartete Entwicklung ohne Ergreifen von Maßnahmen). Die Gap-Analyse (gap analysis) bzw. Lückenanalyse hat nun die Aufgabe, im Rahmen einer Ursachenforschung solche Strategien zu entdecken, die geeignet sind, die strategische Lücke zu schließen.

Geschäftsmodell

Ein Geschäftsmodell überführt eine Produkt-Markt-Kombination bzw. ein Produktprogramm mittels einer Strategie in eine Wertschöpfungskette bzw. in ein Geschäftsprozessmanagement. Wenn dieses Geschäftsprozessmodell perfektioniert und schwer zu imitieren ist, z.B. durch permanente Innovationen, wird das Unternehmen wettbewerbsfähig und erfolgreich.

Interner Kunde

Bei internen Kunden überträgt das Unternehmen die Perspektive der externen Kunden auf die eigenen Mitarbeiter. Jede Abteilung betrachtet dabei die Kollegen, welche ihre Leistung abnehmen, als Kunden.

Just-in-Time

Just-in-Time ist eine ganzheitliche Betrachtungsweise aller Material- und Informationsflüsse von der Produktion bis zum (End-)

Kunden. Das Ziel ist eine nachfragesynchrone Bedarfsdeckung auf allen Stufen der Logistik-Kette.

Kernprozesse

Hierbei handelt es sich um eine Prozesskategorie der Prozessland-schaft. Kernprozesse umfassen alle direkt auf den Kunden gerich-teten Prozesse, die den Kern der Geschäftstätigkeit der Organisa-tion darstellen und über die sie sich im Wettbewerb positioniert. Kernprozesse machen die Wertschöpfungskette aus und enthal-ten charakteristischerweise die primären Aktivitäten nach Porter (Eingangslogistik/Wareneingang, Betrieb, Ausganslogistik/Auslie-ferung, Marketing, Vertrieb und Kundendienst).

Key Performance Indicator KPI

Hierbei handelt es sich um Kennzahlen, anhand derer die Errei-chung wesentlicher Ziele gemessen werden kann (Führungskenn-zahlen).

Organisationsziele

Diese sind z.B. betriebswirtschaftlich die Quantifizierung der Auf-gaben des strukturellen Organisationsansatzes, mit der Problem- und der Fragestellung, ob die Produkte des Unternehmens mittels der Organisation technisch-zweckmäßig hergestellt und verkauft werden können. Das Finanzcontrollings kann dann mit den Me-thoden der Finanzierung und des Rechnungswesens überprüfen, ob die Aufgabe produktiv hergestellt werden, die Kosten durch die Organisation gesenkt werden können, und damit das Ge-schäftsmodell der Organisation wirtschaftlich ist.

Performance Measurement

Das Performance Measurement befasst sich mit der Messung der Leistung eines Managers. So kann etwa die Leistung eines Fonds-managers an der Kursentwicklung des Investmentfonds abgelesen werden.

Primärprozesse

Primärprozesse erzeugen direkt Leistungen für den externen Kun-den.

Project Charter

Die Project Charter oder oft auch Projektauftrag genannt ist ein Dokument, das die Existenz eines Projektes formell manifestiert.

Projektcontrolling

Gegenstand des Projektcontrollings ist die Effizienz der Arbeitsbedingungen und die Effizienz der Projektarbeit. Die Effizienz der Arbeitsbedingungen ist abhängig von der Projekt-Infrastruktur (Regeln für das Management von IV-Projekten, Qualitätssicherung, Konfigurationsmanagement und Informationsversorgung). Die Effizienz der Projektarbeit wird beurteilt nach der Erfüllung vorgegebener Anforderungen, nach der Einhaltung von Qualitätsvorgaben, Terminen, Kosten bzw. Budgets.

Projektpriorisierung

Hierbei handelt es sich um Sachverhalte, die zu einer Reihung anstehender Projekte nach deren Dringlichkeit und Vorzugswürdigkeit führen, so z.B. operative Dringlichkeit, externe Vorgaben, Ausmaß der Projektwirtschaftlichkeit und / oder des Projektnutzens. Die Priorisierung erfolgt i.d.R. in einzelnen Schritten: Sammeln der Projektideen, Bewerten der Projektvorhaben, Entscheidung über die Realisierung der Projekte anhand von Entscheidungskriterien (s. o.).

Prozessorganisation

Die Erfordernisse der betrieblichen Abläufe erhalten Vorrang vor anderen Strukturierungskriterien. Der organisatorische Aufbau ist am Ablaufgeschehen in der Unternehmung ausgerichtet. Eine prozessuale Betrachtung überspannt die Grenzen der Funktionsbereiche und versucht, die negativen Auswirkungen von Bereichsgrenzen in der Form von Schnittstellen zu überwinden.

Rentabilität

Die Rentabilität ist der Quotient aus einer Erfolgsgröße und einer diesen Erfolg mitbestimmenden Einflussgröße. Als Einflussgröße

finden das Eigenkapital (Eigenkapitalrentabilität), das Gesamt-
kapital (Gesamtkapitalrentabilität) und der Umsatz (Umsatzrentabilität) Verwendung.

Return on Investment RoI

Der Return on Investment gilt als die bekannteste finanzwirt-
schaftliche Kennzahl (ROI= Umsatzrentabilität mal Kapitalum-
schlag). Mathematisch und betriebswirtschaftlich kann der Return
on Investment logisch aus den beiden Rechenwerken Bilanz und
Gewinn- und Verlustrechnung des Jahresabschlusses ermittelt
werden.

Sigma

Six Sigma (6σ) ist eine Methode zur Prozessverbesserung, ein
statistisches Qualitätsziel und zugleich eine Methode des Quali-
tätsmanagements. Hauptziel ist die Beschreibung, Messung, Analyse, Verbesserung und Überwachung von Geschäftsprozessen
mit statistischen Mitteln.

Standardabweichung

Die Standardabweichung ist ein Maß für die Streubreite der Werte eines Merkmals rund um dessen Mittelwert, auch arithmeti-
sches Mittel genannt.

Standardnormalverteilung

Die Standardnormalverteilung ist eine Normalverteilung, bei der
Mittelwert und Erwartungswert = 0 und die Varianz sowie die
Standardabweichung = 1 sind.

Streuungsmaß

Das Streuungsmaß ist in der Statistik eine zusammenfassende
Bezeichnung für Maßzahlen zur Kennzeichnung der Streuung.

SWOT-Analyse

Die SWOT-Analyse (SWOT: Strengths, Weaknesses, Opportunities,
Threats) wird im Rahmen der Strategischen Planung eingesetzt.

Die von der Harvard Business School entwickelte Analysetechnik geht von der Vorstellung aus, dass die Stärken und Schwächen einer Unternehmung im Zusammenhang mit den Chancen und Risiken aus der Unternehmensumwelt gesehen werden müssen.

Wendepunkt

Ein Wendepunkt ist ein Punkt auf einem Graphen, an dem dieser sein Krümmungsverhalten ändert: Der Graph wechselt hier entweder von einer Rechts- in eine Linkskurve oder umgekehrt.

Zielkostenrechnung

Die Zielkostenrechnung stellt im Rahmen der Kostenkalkulation die Frage „Wie hoch dürfen die Kosten für ein Produkt bei einem vom Markt vorgegebenen Preis sein?" Ziel ist es also, einen von Markt definierten Preis mit optimaler Kostenstruktur zu erreichen.

Index